Diogenes Taschenbuch 124

de
te
be

Augenblicke aus dem Leben großer Geister

Festgehalten in Wort und Bild
von Howard Moss
und Edward Gorey
Verdeutscht
von Jörg Drews

Diogenes

Titel der amerikanischen Originalausgabe
›Instant Lives‹, 1974
(Saturday Review Press/E. P. Dutton & Co., Inc., New York)

Deutsche Erstausgabe

60/77/E/2
ISBN 3 257 20357 8

Für Eudora Welty
und Reynolds Price

Inhalt

Geniekult – das ist sicher Kleister.
Was bleibt, sind nur ein paar
Augenblicke aus dem Leben großer Geister.

Bloor Schleppey

Louisa May Alcott

Louisa hatte Concord satt. Dennoch empfand sie ein Gefühl der Loyalität – mochte es auch flüchtig bis zur puren Nichtexistenz sein – gegenüber den Wildfängen Karen, Lupe und Olga, ihren Schwestern, in deren Augen Behendigkeit und Trägheit so unbehaglich beieinander lagen. Sie schienen alle gleich alt zu sein. Wie isses nur möglich, fragte sich Louisa oft. Da waren sie wieder, chaotisch damit beschäftigt, um die Wette Karamelsirup herzustellen, um damit die Fassade des Hauses hellbraun anzumalen. Karen setzte dabei ihr wildes Talent als Bildhauerin ein, Lupe warf ihr hübsches Aussehen und ihr nicht zu erschütterndes gutes Benehmen in die Waagschale, während Olga mit ihren Kochkünsten brillierte und im übrigen Kopfnüsse austeilte. Von den vieren hatte nur Louisa je eine Schulbildung genossen, und tatsächlich konnte keines der anderen Mädchen lesen oder schreiben, wenngleich sie in einer dilettantischen, altmodischen Weise alle große Rednerinnen waren. Allerdings sprach Lupe unerklärlicherweise bisweilen ein spanisches Demotisch.

»Lieber würd' ich einen Tag mit meinem Hamster verbringen als eine Nacht mit den Mädchen der Alcotts«, hatte Mr. Crockett, der Briefträger, gesagt. Er wurde später übrigens als Feuerteufel verhaftet.

Trotz aller Bindungen Louisas an die Heimat – worunter nicht zuletzt die an Lance Ruefrue, den hübschen Zappelphilipp aus dem Nachbarhaus, zu nennen war – fühlte sie, daß es Zeit war wegzugehen. Für ihre weitgefächerten Talente war kein Platz mehr im engen Kreis der Vorurteile von Concord. Und jetzt noch das – das brachte das Faß zum

Überlaufen! *Kleine Männer* war von Mrs. Fortress-Rondeau, der Stellvertretenden Bibliotheksdirektorin von Concord, verdammt worden als »ein schmutziger Pfuhl von Unschicklichkeiten für Gemüter unter zwölf und ein Dschungel übler Sinnlichkeit für solche von dreizehn Jahren und darüber.« Bezeichnenderweise hatte Louisa die offene Konfrontation gewählt und war Mrs. Fortress-Rondeau, die auch als Vorsitzende der Bibliotheksbeschaffungskommission amtierte, auf den Stufen zur Caldecott High School entgegengetreten.

»Mrs. Fortress-Rondeau ...« hob Louisa an.

»Wage es nicht, mich anzusprechen, du abstoßendes Geschöpf!« versetzte Mrs. Fortress-Rondeau. Sie rauschte an Louisa vorbei zu ihrem Einspänner, zog die Vorhänge zu und nahm – dies war ihr einziges Laster – eine kräftige Nasevoll aus ihrem Kampfer-und-Riechsalz-Fläschchen. (Einige Jahre später sollte sie übrigens eines tragischen Todes sterben. Aufs Äußerste entrüstet über eine Stelle bei Tennyson, versuchte sie die anstößigen Zeilen mit K2R zu entfernen und starb an einem apoplektischen Anfall. In ihrer Todesnot sank sie auf ihren Gatten, ein Mäuschen von Mann, der beim Versuch, ihr zu helfen, ebenfalls sein Leben ließ. Ein Denkmal mit der Aufschrift »Die Ankunft der Puritaner in Concord«, von der Amerikanischen Frauenliga gegen Schmutz und Schund gestiftet und dem Andenken der Familie Rondeau gewidmet, steht noch heute auf dem Rathausplatz von Sodoma, Mass.)

»Kleine Schlampe«, rief Louisa Mrs. Fortress-Rondeau noch nach, dabei im Singular den Titel eines Romans vorwegnehmend, den sie nie vollenden sollte. Doch ihre Worte waren wie die Musik des Windes und fruchteten nichts.

Jane Austen

Jane, dein Haar ist schrecklich trocken heute abend«, sagte Jane Austens Schwester, während sie ein Marshmallow überm Kaminfeuer röstete. Der

Abend fiel wie ein umgestülptes Zierfischbecken über Sussex. Das Feuer erhob sich im Kamin wie ein Gentleman. So gefügig wie geschmeidig betrat Malaprop, das Dienstmädchen, mit dem Teetablett den Raum, knickste, das Tablett sorgfältig balancierend, und verharrte in ihrem Knicks. »Erhebe dich«, sagte Jane und warf eine Korrekturfahne von *Sense and Sensibility* zur Seite. Draußen schrieb man 1811.

»Wieder ein kluger Roman, Miss?« fragte Malaprop. Sie beäugte die schlampig gebackenen Törtchen mit angewiderter Miene. Wie konnte sie nur!

»Jedenfalls klüger als der Koch«, sagte Jane mit Strenge. Sie verabscheute Gebäck, sogar wenn es erstklassig war, ein Lob, das den *Milles feuilles* hier kaum zustand, deren Schichten aneinandergeklatscht waren wie die Wände eines zerstörten Hauses, über das der nasse Wind streicht. Die Nichtswürdigkeit der Vanillesoße!

»Wenn du mehr Honorar bekämest...« begann ihre Schwester und biß sich sogleich auf die Lippen. »Nicht daß ich mich beklagte«, fügte sie hinzu. »Ich habe kein Recht, mich zu beklagen.«

»Du hast deine Lage sehr präzise eingeschätzt«, erwiderte Jane ihrer Schwester. »Doch scheint diese Genauigkeit der Beurteilung deiner Lage dich kaum zur Zurückhaltung zu veranlassen.«

»Ach Jane, du bist so wortgewandt«, sagte ihre Schwester, »kein Wunder, daß du Schwierigkeiten hast mit Männern.«

Der Tadel, den, ungeachtet der Schmeichelei, die Bemerkung enthielt, entging Jane keineswegs.

»Meine liebe Kassandra«, sagte sie, »warum verputzt *du* nicht dies mit mephitischer Süße stinkende Gebäck? Es würde deine Figur noch bizarrer machen! – Du weißt, ich habe einen Termin einzuhalten.« Und damit rauschte sie aus dem Zimmer. Die Korrekturfahnen flatterten hinter ihr her wie eine Brautschleppe, entworfen von einem Couturier, dessen Masche von der Typographie inspirierte Entwürfe sind.

Doch das Leben sollte keine Brautschleppe für Jane Austen bereithalten.

Johann Sebastian Bach

»Zum Donnerwetter noch mal!« schimpfte Magda. Sie war eben die 117 Stufen in den Glockenturm heraufgestiegen. »Mußt du denn den ganzen Tag hier sitzen und komponieren, nur um zu beweisen, daß du ein gläubiger Christ bist?« Sie ging einer der Glocken aus dem Weg, die gerade unheildrohend zu schwingen begannen. Schon wieder eines dieser metallenen, dröhnenden, ohrenbetäubenden Konzerte! Warum konnten sie nicht alle den Mund halten und still ihr Gebet verrichten, wie sie es ja auch tat? Ewig dieses Gesinge und Geheule! Dies prahlerische Getöse um den HErrn! Eine Torte backen – war das nicht ein stärkeres Zeugnis für echtes religiöses Gefühl als die unablässige Verkündigung des Ruhmes GOttes? Doch, das war es, bestätigte sie sich selbst, als sie Bachs einfaches Mittagsmahl auf den Tisch bei der Orgel hinstellte.

»Wieder Stullen mit Sardine und gesalzenem Stint?« nörgelte Bach, Falten der Genialität und des Ärgers in seinem gütigen Antlitz. Bisweilen hatte er das Gefühl, als regiere die eiserne Hand der Alliteration Magdas kulinarische Einfälle. Soweit man davon überhaupt sprechen konnte. Manchmal fühlte er auch gar nichts.

»Ich dachte, du magst sie«, sagte sie, schier in Tränen ausbrechend. Ihre Gefühle lagen immer dicht unter der Oberfläche, das heißt: in jenen seltenen Momenten, wo sie nicht schon *an* derselben lagen.

»Ach«, sagte Bach, »ich hab doch nur gespaßt. Sardinen und Stint sind meine Lieblingsfische.«

In Wirklichkeit war er nur höflich. Magdas einfallsloser Rezepte wurde er langsam überdrüssig. Sie war ein liebes und ergebenes Geschöpf, aber die lippenleckende Sinnlichkeit, das subtile Sensorium des leidenschaftlichen Gourmets waren ihr nicht gegeben.

»Wie läuft's mit den Kantaten?« fragte Magda. »Ich sehe, du bist bei der Nr. 198, *Trauerode auf die Kurfürstin Christiane Eberhardine.«*

Bach lächelte. »Ich habe 22 Münder zu ernähren, meine Kleine. Meinen eigenen nicht mitgerechnet.«

»Ruppert Feinstink wartet auf seine Orgelstunde«, erwiderte Magda. »Und ich muß wieder in die Küche. Du hast hoffentlich nicht vergessen, daß der Kapellmeister heute zum Abendessen kommt. Du weißt doch, wie pingelig er ist.«

»Heute?« erkundigte sich Bach ungläubig.

»Es gibt Rindfleisch und Radieschen und Rosinenpudding«, gestand ihm Magda vertraulich. Und Ratten und Rotz und Runzeln und Ruhr, fuhr sie bei sich wie unter Zwang fort. »Ruppert hat ein *Präludium und Fuge* geschrieben.« Sie wußte, an welcher Stelle sie ihn packen konnte.

»Sag ihm, ich komme herunter – in ein oder zwei Tagen«, war die Riposte des großen Komponisten.

Für einige Augenblicke war Bachs Geist durch Smalltalk abgelenkt gewesen. Aber kaum war Magda gegangen – er konnte sie alle 117 Stufen hinunterfallen hören –, da sprang er vom Tisch zum Schreibtisch. Die großen Akkorde, die gigantisch sonoren Klänge des Beginns der h-Moll-Messe dröhnten eben durch sein Haupt. Was kümmerte es ihn jetzt, ob die Stullen muffig gerochen hatten oder nicht?

Ludwig van Beethoven

Ihm widmest du sie also!« stieß Beethovens Neffe hervor. Er warf die Partitur in die Ecke und sich selbst aufs Kanapee – ein bemerkenswerter Kraftakt, da er ein Riesenbrocken von einem Knaben war und das Kanapee aus Spannchenille.

Beethoven trat ans Fenster. Draußen forderte Bonns Rushhour ihre Opfer. Trupps von wütend ihre Besen schwingenden Straßenkehrern attackierten den Abfall der Woche – die wachsenden Dreckspuren städtischer Achtlosigkeit. Es schmerzte Beethoven, zu sehen, wie im Schutz der Dämmerung einige Damen mittleren Alters von Stadtstreichern belästigt wurden. Er wandte sich wieder seinem Neffen zu.

»Karl«, hob er an, »öffentliche Interessen haben Vorrang . . . denn schließlich ist Napoleon . . .«

»Ah so! Ja, wenn du auf große Namen setzen willst!«

Etwas Kaptiv-Kryptisch-Koptisches war um Karl. Obwohl das Heizungssystem seiner überhitzten Imagination mit voller Kraft arbeitete, war kein Dampf an den Scheiben ihres Treibhauses zu sehen.

Was für ihn der Kopfschmerz der Realität, das war für Beethoven die Migräne der Götter.

»Wenn ich keine Symphonie kriege, kann ich dann wenigstens ein Concerto haben?« stieß Karl nach.

Beethoven war gerührt ob der Hartnäckigkeit des Knaben, aber als VWW (Vater wider Willen) betrachtete er es als seine Pflicht, dem Ego Hindernisse in den Weg zu legen. Er verharrte in Schweigen.

»Ein Quartett?«

Wieder Schweigen.

»Ein paar Deutsche Tänze?«

Obwohl es Beethoven mehr schmerzte als Karl, blieben die Lippen des Komponisten doch versiegelt.

»Eine klitzekleine Bagatelle?«

Der Knabe sah so am Boden zerstört aus, daß Beethoven endlich nachgab.

»Also gut, Karl. Die 33. Klaviersonate.«

Karls Auge hellte sich auf – Wirkung eines minimalen Glanzes von Innen.

»Das Arrangement für Xylophon zu vier Händen, allerdings.«

Karl erhob sich. Er glaubte wenigstens *etwas* erreicht zu haben.

»Ich muß jetzt gehen«, sagte er. »Ich geh mit Meyerbeer ein Bier trinken.« Und er ging, ein paar Takte Mozart vor sich hinträllernd.

Die Geschwister Brontë

Der mondbeschwefelte Blitz zickzackte über die Hochmoore. Das Unwetter tönte laut – Trommelwirbel und Paukenschläge. Es war der schlimmste Sturm in der Geschichte Yorkshires. Charlotte saß im Schulzimmer und starrte aus dem Fenster, als ob ihr jeden Moment von der Landschaft ein Mal eingebrannt werden sollte. Emily war eben heruntergekommen, treibend wie nach einem Schiffsuntergang. Sie hatte »an etwas gearbeitet« – Charlotte versagte sich die Frage *woran*. Durfte man Annes fehlende Anwesenheit einen Schwebezustand nennen?

»Er ist wieder am Einpfeifen«, sagte Charlotte. Das Pferdegesicht ihrer Altjüngferlichkeit trug sie mit Gleichmut.

»Das macht das Wetter«, konterte Emily. »Er hat einfach nicht genug zu tun.«

»Zu *tun*?« Charlotte war voller Verachtung. »Und was ist mit der Holztäfelung? Und dem Dach? Und dem Abfluß?«

Emily erbleichte. Anne betrat den Raum mit der Grazie eines Squatters.

»GOtt zum Gruße«, sagte sie und legte sich auf den Fußboden. »Im Wohnzimmer regnet es herein.«

»HErr GOtt, spiel nicht die Exzentrische«, mahnte Charlotte.

»Sich wohl zu fühlen, ist's exzentrisch?« fragte Anne. »Ja, nur allein zu *sein* – heißt dies schon Glück?« Sie brach in Tränen aus und floh aus dem Zimmer.

»Ihre Gebetbuchverse trüben ihr den Verstand«, sagte Charlotte.

›*Ihren* Verstand?‹ dachte Emily. ›*Deinen!*‹

»Wo *ist* er?« fuhr Charlotte fort.

»In der Speisekammer. Er hält Sommerschlaf – falls man ›Sommer‹ hier für eine Abschwächung halten will.«

»Das lag *mir* fern. Deine verdammte Sprachverdreherei . . .«

Emily erhob sich, um die Vorhänge zuzuziehen. Sie wandte sich um und sprach, als wende sie sich an die Luft: »Natürlich, wenn ich je einen Unterhaltungsroman hätte schreiben wollen . . .«

Ein Donnerschlag machte menschliche Rede *de trop*.

»Fangen wir an?«

»Wie *könnten* wir ohne Branwell? Dieses Wetter!« klagte Emily.

»Was hat das Wetter damit zu tun? Ich sag dir: Heathcliff habe *ich* erfunden, seinen Namen habe ich mir schon vor vier Jahren in mein Notizbuch geschrieben.« Sie schwang den besagten Gegenstand. »Und du hast abgeschrieben, geklaut, plagiiert . . .«

Emily richtete sich auf. »Du weißt, daß du lügst.«

Etwas Grauenhaftes dräute Charlotte. Endlich, endlich!

Ein gleißender heller Blitz beleuchtete eine Gestalt, die schwankend auf der Türschwelle stand. Es war Branwell, heftig illuminiert, drohend . . .

»Wo ist mein Grog?« brüllte er. »Wo ist mein GOttverdammter Scheißgrog?«

Stetig fiel der Regen auf Haworth.

Frédéric Chopin

Der mallorcanische Nachmittag, gestreift wie eine Tomatentulpe, umhüllte die Insel mit wohltätiger Glut. Jeder verkrüppelte Baum schien sich mit kecker Steifheit emporzurecken, und das Meer, unabänderlich in der Ferne glitzernd, legte dem, was ohnehin ein Mysterium war, eine Aura des Geheimnisvollen um. Würde das *Prélude* je glücken? überlegte

Chopin, während er seine Finger spielerisch über die Tasten gleiten ließ. Der Flügel war wie üblich verstimmt. Die Luftfeuchtigkeit auf der Insel hatte die Saiten zu wahren Nerven werden lassen, Nerven, die ein Spiel waren von jedem Druck der Luft und anfälligst für die geringste Änderung in der Alchimie der Wasserdichte. Plötzlich war *sie* auf der Treppe, stand da und schaute zu ihm herab, die ganze Kraft ihrer Gestalt versammelt zu einem galvanisierenden Porträt in Lebensgröße.

»Warum hustest du nicht *mehr*, Frédéric?« fragte sie. »Dann könnte ich die *ganze* Nacht aufbleiben.« Langsam kam sie die Stufen herab. Er starrte sie an.

»Schon wieder? Fängst du schon wieder damit an?«

»Ich weiß gar nicht, wovon du sprichst«, erwiderte sie. »Dolcilita hat das Frühstück bereitet?« Ihr Spanisch wurde, wie er neiderfüllt bemerkte, schon besser. Aber von kastilischem Funkeln war es noch Lichtjahre entfernt.

»Soll ich mich jetzt auch um den Haushalt kümmern?« fragte Frédéric und bedauerte es sogleich. Vielleicht stimmte es ja sogar.

In Wahrheit gingen sie einander auf die Nerven. George Sand hatte nicht bedacht, was es hieß, in einem Haus auf einer Insel mit jemand eingeschlossen zu sein, der mehr als den halben Tag klavierspielte. Sein Geklimper – wie sie es nannte – war ihr verhaßt geworden. Sie fürchtete, daß sie am Ende Musik verabscheuen würde, sogar die wirklich ernstzunehmender Komponisten wie Massé oder Tagliafico. Außerdem verkaufte sich Georges Roman *François le Champi* schlecht. Das konnte sie aber ihm gegenüber nicht zugeben – sie fühlte, daß ihre Kräfte dazu nicht ausreichten. Ach, wie wenig gegenseitiges Verstehen gibt es sogar unter den Großen! Denn ihre Befürchtung war, *au fond*, auch die seine. Er konnte jetzt nur in a-Moll komponieren, er, der einst der König im Reich von B-Dur gewesen war, er, der jede Nuance der Tonleiter so sicher an seinen feinsinnig sich verjüngenden Fingerspitzen gehabt hatte, daß man von ihm sagte: »Chopin *atmet* B-Dur!« Er war eben kein gewöhnlicher Pole.

»Dolcilita!« rief George Sand, aber ihre Stimme ging unter in einem mächtigeren Geräusch. Jemand pochte hartnäckig an die Tür. In gemeinsamer Angst waren sie nun vereint. War es *ihr* Verleger? Oder *seiner*?

Claude Debussy

Wieder drohte das Boot zu kentern, und fast bewußtlos, die Hand noch immer krampfhaft um die Partitur geklammert, rutschte er über das Dollbord. Mit dem Kopf schlug er gegen ein Ruder – Gott sei Dank waren wenigstens die Ruder noch da! – und machte eine schwache Anstrengung, es zu befestigen. Seit vier Stunden, schätzungsweise, war es ihm nun übel, und noch immer war kein Land in Sicht. Was für ein Idiot war er doch gewesen, zwei Wochen lang nichts als Fisch zu essen in der Hoffnung, dies würde sein Inneres ›meerähnlich‹ machen, Rhythmen und Strukturen des Meeres würden ihn gänzlich durchdringen! Als er am zwölften Tag den Arzt gerufen hatte – es war ihm speiübel gewesen –, hatte der gesagt: »Keinen *Salzwasser*-Fisch, Claude. *Süßwasser*-Fisch!« Der Kerl hatte alles verpfuscht. Ob die Kielplanken wohl hielten? Undeutlich konnte er ein paar als Überschrift auf das Partiturmanuskript gekritzelte Worte lesen: *De l'aube à midi sur mer* (Vom Sonnenaufgang bis zum Mittag auf dem Meer). Oder war es der zweite Satz, *Jeux des vagues* (Spiel der Wellen)? Die Partitur tanzte vor seinen Augen; er schloß sie. Das Boot wurde von einer Welle emporgehoben. Gleich würde es ihm wieder übel werden.

Wie er sich danach sehnte, wieder am *Prélude à l'après-midi d'un faune* zu arbeiten. Damals hatte er einfach einen Monat lang unter den Ziegen auf den Hügeln im Innern Siziliens gelebt, seine Flöte nie weit vom Mund, sein Fuß nie weit von seiner Flöte. Er hatte die italienische Sommerhitze ihn durchdringen lassen bis auf die Knochen – die Sinnlichkeit jener sonnengetränkten Monate, die er noch jetzt leise fühlte, ließ ein schwaches Lächeln auf seinen übersensiblen Lippen entstehen. Sein Bart war *embrumé* mit Salz. Sein ganzes Vorhaben war ein Fehler. Er begann das Meer zu hassen. »Ich *hasse* es«, sagte er, »wirklich, ich *hasse* es!«

Er schloß wieder die Augen und trieb hilflos. Die schreckliche Szene kam ihm in den Sinn, als er aus Italien zurückkam. Er hatte das Blaue Wohnzimmer seines Hauses in Paris betreten, und seine Frau hatte aufgeblickt. Sie saß gerade über ihrer *flânerie* und nähte; eine halbe Rose wand sich voller Hoffnung um den Reif ihres Rockes.

»Est-ce que les choses vont bien?« erkundigte sie sich. Und dann brach sie in Tränen aus und weinte bitterlich und kindlich, wie Mélisande sechs Jahre später weinen und das Publikum der Opéra (jene Hälfte des Publikums wenigstens, die bis zum Ende der Aufführung blieb) aufspringen lassen würde.

Würde das Boot nie zu schlingern aufhören? Seine Gedanken begannen sich ins Weite zu verlieren.

Die *Children's Corner Suite* lag hinter ihm, doch die *Études* lagen noch vor ihm.

Emily Dickinson

Dämmerung senkte sich von oben. Emily saß am Fenster und schaute auf Amherst, eine stille Stadt, deren zierlicher Charme sich da und dort zu Giebelhäusern verdichtete. Wie die kargen Friedhöfe, so war hier alles: frugal und klein, aber sauber gehalten. Ein Buckliger, durch das Zwielicht noch zwielichtiger gemacht, humpelte in Richtung Gasthaus; das ›Lord Jeffrey‹ machte wie üblich ein Bombengeschäft. Amherst war kein Arabien irrer Verzückungen, sondern eine eiszapfenblaue, wahren Norden anzeigende Nadel. Emily seufzte. Wie sich die Prioritäten verschieben können! Die Lyrik, die sie nur als Deckung für die ›Operation‹ zu schreiben begonnen hatte, absorbierte sie nun gänzlich. Obwohl einzig *sie* die illegale Herstellung von Zauberhaselschnaps in Neuengland betrieb, galt sie doch der Welt als die ›Goldlack-Sonetteuse‹ – ein in zweifacher Hinsicht falscher Ruf.

Sie nahm ein Schlückchen Löwenzahnwein aus dem geschnabelten Waterfordpokal auf dem Fenstersims. Drüben, auf der andern Seite der Straße, lüftete Pfarrer Hodgson seinen Hut. Sie verbeugte sich leicht, ihren Spitzenschal in Falten um ihre vögelchenschmalen Schultern geschlungen – alte Jungfer, doch zugleich auch geriebene Geschäftsfrau, wie die vor der Küste von Rhode Island schwitzenden Seeleute nur zu gut wußten. Just in dieser Minute pumpten sie Faß nach Faß mit Zauberhaselschnaps um, der nach ihrer Geheimformel hergestellt war. Das Rezept hatte sie schnell verschluckt bei jenem bedrohlichen Rencontre in der Höhle nahe dem Mount Holyoke, als Rudolphe Moselle, der Weinhändler, gedroht hatte, es ihr mit Gewalt zu entreißen. Nur sie kannte die Zutaten. Und sie hatte sich entschlossen zu schweigen. Sie, das grabesblasse Ding! Sogar die Schmuggler hatten Beifall geklatscht.

›Der Hasel‹ schmeckte ihr noch immer, was sie überraschte angesichts der vielen Liter, die sie getrunken hatte. Eine Gedichtzeile kam ihr plötzlich in den Kopf: »Ich schmeck den Hasel, nie gebraut ...« Sie eilte hinüber zu ihrem Schreibtisch, einem so exquisiten Stück, daß sie es eigens von Boston hatte kommen lassen müssen. Wieviele Zeilen waren ihr verlorengegangen, bloß weil sie dachte, sie werde sie schon im Gedächtnis behalten können! »Gebraut in ...?« Sie biß auf das Bleistiftende. Sie hatte so wenig Zeit. Die halbe Nacht würde sie wieder am Fenster verbringen, auf das Signal wartend – ein über Amhersts Sporthalle gehißter Handfeger –, welches sie würde wissen lassen, daß das zweite Schiff, *da*mit beladen, nach Portugal in See gestochen war. »Gebraut in Portugal?« Nein. Fässer? Das war's! »Ich schmeck den Hasel, nie gebraut / In Fässern ...« Fässer ... und dann? Ach, jetzt hatte sie es! Meerumspült! »In Fässern meerumspült.« Nein, das stimmte auch nicht. Gebraut? Wirtshäuser? Tavernen? »Ich schmeck den Hasel, nie gebraut / in Pinten, lärmdurchgrölt?« »Auf Schanktisch wohlgeölt?« Nun entglitt ihr das Thema. Oder entglitt sie dem Thema?

Die erste Fassung war doch besser: »Ich schmeck den Hasel, nie gebraut / In Fässern meerumspült ...« Oder hieß es »salzumwühlt«? Sie schaute auf das Blatt. Ausgerechnet das entscheidende Wort, das Verb, hatte sie nicht hingeschrieben!

Das Signal! Fast hätte sie das Signal vergessen!

Sie huschte gerade rechtzeitig zum Fenster zurück, um den Handfeger vor dem Himmel gehißt zu sehen. Die ›Operation‹ wenigstens war geschafft. Doch was das Gedicht betraf, so wußte sie, daß nun die schreckliche Mühe des Überfeilens vor ihr lag.

Sergej Eisenstein

Noch ein schweres Essen im Winterpalast und er würde sicher durchdrehen. Aber schließlich mußte er Klotz-Vronsky beschwichtigen, und Grubov mußte die Klatschkopie sehen, und aus technischen Gründen mußte er auch mit Schrenkov, dem Kommissar für das Filterwesen, gut stehen. Die *Glocken des Kreml* würde er nie vollenden, jedenfalls nicht, wenn sie so weitermachten wie bisher. Die wenigen Westler, welche die ungekürzte Fassung kennen, die nach Mexiko herausgeschmuggelt wurde, sagen, der Film ähnele einer Neuauflage von *Sunset Boulevard*, gedreht aus der Perspektive des Swimmingpools.

»Sergej? Etwas Tee?«

Nadja lächelte ihn an; ihr künstlichblondes Haar schwang mit wilder Koketterie zu einem massiven Pferdeschwanz gebündelt hinter ihr. Sie hob den Samovar. Teekessel oder Waffe? Er war sich nie sicher. Zu alt für eine Soubrette, war sie doch nicht zu alt, ab und zu eine kleine Charakterrolle für die GPU zu spielen.

»Enchanté, Nadja«, hörte er sich sagen. »Du siehst so gut aus wie immer.« Er war entschlossen, nicht zu lügen. In Wahrheit war Nadja ein Trampel von Arbeiterin, die eben zum ersten Mal Filmluft geschnuppert hatte.

»Man sagt ...« – das war ihre Standard-Einleitung, immer mit einer versteckten Drohung – »... man sagt, daß bourgeoise Einflüsse den sowjetischen Film zu einer Nebelwand machen, hinter der die wirklichen Interessen der Arbeiterschaft entstellt und korrumpiert werden.« Ihr Lächeln war jetzt häßlich. »Wie denkst du darüber, Sergej?«

»Naja«, murmelte er und wich dem Strahl kochenden Wassers aus, den sie präzise auf seinen Fuß lenkte. »Es gibt gute Argumente für *beid*e Seiten. Wo viel Licht ist, ist auch viel Schatten.« Er kaute eine Makrone – seine Todesmakrone? Ach was, weg mit dem melodramatischen Einfall!

Voller Verachtung stieß sie ihre Worte hervor: »Kapitalistische Provokateure versuchen das Bewußtsein der Werktätigen mit Bildern zu verwirren. Wir müssen ihnen das Handwerk legen. Keine Bilder. Nur Tatsachen.« Unter schwerem Atmen beendete sie den Satz. Wie die Überzeugung die Lungen affiziert, überlegte Sergej gelassen.

»Aber eine Tatsache *ist* doch ein Bild, Nadja. Und das große russische Volk, in einem nimmermüden Kampf damit beschäftigt, des Lebens Notdurft durch Luxus zu ersetzen, stimmt da sicher zu.«

Nadja trug einen geräumigen Rock. Irgendwo in diesen vielen Falten war eine weitere Filmrolle versteckt. Ob er sich ihrer bemächtigen konnte, bevor Nadja sich enthüllte – und damit den Film belichtete?

»Köstlicher Tee«, sagte er. »Aber keine Zitrone dazu?« Er sprach betont locker. »Ach, da sind ja welche, da unten!« Und er zeigte auf einen Teller unter dem Tisch, den einer seiner Helfer gestern abend im Schutze der Dunkelheit dort hingestellt hatte.

Sie bückte sich. Im Handumdrehen hatte er den Film in der Hand, und schon war er in seiner geräumigen Einkaufstasche verschwunden.

»Hast du nicht eine kleine Rolle für mich, Sergej?« bettelte Nadja, als sie sich aufrichtete und umdrehte. »Ich bin ja gar nicht *absolut* gegen die Montage-Technik.«

Sie schauten sich an. Alles, was zwischen 1905 und der Oktoberrevolution geschehen war, lag zwischen ihnen.

»Aber natürlich, meine Liebe«, sagte er. »Ich wollte dir eben sowieso eine anbieten.«

Und daher kommt es, daß Nadja eine Achtelsekunde lang auf Rolle 3 von *Die Glocken des Kreml* recht deplaciert als Zweiter Klavierstimmer auftaucht.

Ford Madox Ford

Ihre Kälte, eine Art von Einspruch (wogegen nur?), bemerkte er sogleich. Verdruß, dieser unedle Seitentrieb des Mitleids, regte sich in seiner Brust. Hatte er das Mädchen wirklich *mißbraucht*? Häufig hatte er das gegenteilige Gefühl gehabt; an manchen Morgen war er mit der Überzeugung halb gewonnener Klarheit darüber aufgewacht, daß *er* mehr von einem Bildnis denn von einem Wesen aus Fleisch und Blut besessen worden war – und doch schien wiederum ihm ihre Sinnlichkeit, wenn sie zusammenwaren, eine greifbare Gewalt, und das ließ ihn dann seine Gewissensbisse halb berechtigt und halb absurd erscheinen.

»Du sagtest . . .?« fragte er.

Sie blickte ihn an mit dem adeligen Hochmut der Unschuld. *War* sie wirklich unschuldig? Oder war sie das Opfer einer so tiefgehenden Degeneriertheit, daß deren Fortschreiten sie gar nicht mehr zum Bewußtsein jener Krankheit gelangen ließ, die ihr innerstes Wesen ausmachte?

»Oh, nichts«, murmelte sie. Die Krempe ihres Hutes warf einen bleistiftzart gestrichelten Schatten über die feinen schmiedeeisernen Ornamente des Geländers. Der Geruch frischen Wassers, des Flusses, der um das Verstäuben seines Duftes sich mühte, berührte plötzlich seine Nüstern.

»Gar nichts?« insistierte er. Seine Uniform dünkte ihn schal und aufdringlich. Sie wiederum empfand sie als fade und deplaciert.

»Ich nehme an, es ist eine Frage des Blickwinkels«, konterte sie doppeldeutig.

»Ach, weißt du, der Krieg. Er hat uns alle verändert.« Sein Gesicht war ernst.

Erstaunt blickte sie ihn an. »Was für ein *Krieg* denn?« fragte sie.

»Du willst doch nicht sagen ...« begann er erstaunt.

»Du versuchst, mir einen Schreck einzujagen«, fuhr sie fort, »bloß weil ...«

»Bloß weil was?«

»Ich weiß nicht«, antwortete sie.

»Aber meine Uniform. Sicher ...«

»Ich dachte, du hättest dich nur ... herausgeputzt.«

»*Heraus*geputzt?«

»... oder du wolltest mich reizen, dich *herunter*zuputzen«, fügte sie voller Verachtung hinzu.

»Was meinst du damit?« fragte er, und er fühlte, wie ihre Positionen sich verschoben.

»Aber Ford, *ich bitte dich*!« Und mit ihrem wohlbeschuhten Füßchen stampfte sie auf die Steinfliesen des Parkweges. Draußen im Schützengraben war dies dann das einzig unumstößlich Wirkliche, was ihm von diesem ganzen langen Nachmittag im Gedächtnis blieb.

Paul Gauguin

Trotz seiner zunehmenden Verrücktheit gab er immer noch einen guten Ehemann ab, überlegte Sheila, als sie den Rolladen hochzog und auf das Schlachthaus hinüberblickte. Und schließlich, wie oft passierte es schon, daß ein Mädchen wie sie einen

Börsenmakler wie ihn heiratete? Sie kam von einem kleinen dänischen Bauernhof, er dagegen aus einer großen französischen Stadt. Er war hochgebildet und außerdem begütert. Und das einzige, woran Sheila wirklich lag, war ein Heim, hübsche Kleider, gutes Essen, damit sie in ihrer Umgebung den Kopf hoch tragen konnte, besonders in der exzentrischen Gesellschaft, mit der sie in letzter Zeit herumzogen. Sie fragte sich, ob sie da wirklich mithalten konnte und ob Paul sie wirklich liebte. Wirklich und ganz echt?! Tränen schossen in Sheilas kleine Augen. »Ach, ich bin ein sentimentaler Narr«, sinnierte sie. »In so einer Stimmung bin ich immer, bevor ich meinen ersten Pernod genommen habe.«

Sie ging an Pauls großem experimentellen Gemälde einer nackten Maori vorbei, die von Blumen umgeben in einem Mangrovenhain schlief. »Bäh«, machte Sheila unwillkürlich. Sie haßte dieses ganze Zeug. In der Küche sah sie sofort den Notizzettel, der auf dem Tisch lag. »Qu'est-ce que c'est?« fragte sie sich selbst laut. Auf dem Zettel stand: »Liebes Sheilachen, tut mir leid, aber Vince und ich sind unwiderruflich nach Tahiti abgefahren. Ehe und der ganze bourgeoise Quatsch sind nichts für mich. Paß auf Bunny, Lapsie, Gorgon und Iseult auf! Auf einem Tisch im ›La Flore‹ liegen zehn Francs für Dich. Paul.«

Sheila stürzte zu Boden, und nur weil ein Nachbar, der den schrecklichen Aufprall hörte – den er gegenüber der Presse als einen »wahrhaften Donnerschlag« beschrieb –, die Wohnung betrat und sie liegen fand, überlebte sie überhaupt.

Einige Tage später – die Nonnen badeten gerade ihre Handgelenke in Cognac – wachte sie auf und wurde hysterisch. Sheila brauchte etliche Jahre, bis sie wieder voll hergestellt war. Wenngleich sie später noch einmal heiratete, söhnte sie sich doch mit Pauls Flucht erst 1946 bei der großen Gauguin-Retrospektive aus, als sie, mittlerweile eine alte Frau, die Stufen des Louvre hinaufwackelte, um den ›Prix vieilles veuves‹ entgegenzunehmen, eine der begehrtesten Auszeichnungen Frankreichs, für die vielen Jahre, die sie getreulich als erste und einzige legitim angetraute Frau Paul Gauguins gelebt hatte, des unsterblichen Malers der Südsee.

El Greco

Warum machst du nicht aus der Not eine Tugend?« fragte der freundliche Augenarzt und beugte sich über den Artisten-Knaben. Oder mußte man nicht eher ›Autisten-Knaben‹ sagen? überlegte der Arzt bei sich. Die Augen des Jungen waren nicht nur hoffnungslos astigmatisch, vielmehr waren aus einer speziellen Ursache – das Phänomen war einmalig in der Praxis des Arztes und wahrscheinlich erblichen Ursprungs – die Linsen der Iris beider Augen länglich, so daß El Greco jeden Gegenstand seiner Umwelt langgestreckt bis zur Ausgemergeltheit wahrnahm. Es war, als hätte ein unsichtbarer Riese das Toffee der Wirklichkeit nach beiden Seiten so weit wie nur irgend möglich auseinandergezogen und es dann zusammenschnellen lassen. Der Junge war sein eigener Zerrspiegel; sein Leben würde entweder ein ewiges Lachkabinett sein – oder eine Schreckenskammer.

»Aus der Not eine Tugend machen? Meinen Sie, daß ich das kann, Dr. Visione?« fragte El Greco eifrig. Er war damals erst zwölf.

»Aber gewiß«, sagte Dr. Visione und gab El Greco eine byzantinische Zuckerstange, *Muerte del dolci* (was abwechselnd als »Tod durch Zuckersüße« und als »Die Süße zum Tode« übersetzt wird), in jener Zeit zweifellos das beliebteste Zuckerwerk bei Kindern.

Jahre vergingen, und El Greco hatte den Vorfall fast vergessen, besonders da er seine Behinderung nicht mehr als wirklichen Defekt auffaßte. Er war vielmehr fast stolz darauf, da er die Quelle seiner einzigartigen Weltsicht war. Warum sollten alle Menschen gleich sein? Seine Gemälde waren berühmt geworden, und er selbst kaum weniger. Der einzige Mensch, der noch immer nicht von seiner Größe überzeugt war, war Inez Miguelez, die Zigeunertänzerin, die seine Begierde entflammt hatte. Von winziger Statur – manche behaupteten, sie sei von bösen Geistern vorsätzlich zur Winzigkeit verdammt worden –, tanzte sie auf den Tischen wie der leibhaftige Satan. Zu klein, um aus eigener Kraft überhaupt über die Tischkante zu schauen, benutzte sie in vielen Nächten die exquisiten Hände des genialen El Greco nur als eine Art hydraulischen Heber, der sie unter dem Tisch hervor, wo sie sich meist befand, auf den Tisch hob, wo man sie – ach, so oft, wenn der Abend zu Ende war – auch einfach zurückließ.

»Ich bin durch und durch Flamenco«, sagte Inez immer wieder. Aber da sie so klein war, konnte keiner sie hören.

In Spanien sind Staat und Kirche eins. Die Obrigkeit wünschte El Grecos Gemälde – sie waren ihre Hauptwaffe in dem langen Kampf, den sie gegen die Verweltlichung der Kunst (el segulizonariola del arte) führten –, doch sie bestanden darauf, daß Inez verschwinden müsse.

Darüber kam es zum Konflikt zwischen El Greco und der Obrigkeit.

Ein halbes Jahr später wurde Inez die kleinste Nonne Spaniens.

Aldous Huxley

Wo Penelope hintrat, wuchs kein Gras mehr; die Spuren, die sie hinterließ, konnte man schon richtiger als ›Narben‹ bezeichnen. Hohn, Kälte, absolute Verachtung von Drittsemester-Göttinnen – bebrillt oder vom Typ Vamp –: wenn man ihr so begegnete, ließ sie das kalt. Unter ihren Händen verwandelte sich eine mittelmäßige Hockeymannschaft in ein hinreißendes Instrument persönlicher Macht; der Coffee Club, mochte er, wenn sie kam, noch so Kensington-steif sein – wenn sie wieder ging, vibrierte er unter dem Einfluß eines brasilianischen Aufputschmittels, und man konnte die Kaffeebohnen fast *riechen*. Sie war fleischgewordene Energie. Was um so erstaunlicher war, als ihr Aussehen nicht den geringsten ... eigentlich sah sie aus, als sei sie im Begriff, den Verführungskünsten eines Friseurs zu erliegen, ja noch mehr: als hätte sie zwei linke Füße. Und welches Drittsemester hatte sich je zuvor hoffnungslos in den berühmtesten Taxidermisten seiner Zeit verliebt? Wie viele Morgen hatte sie sich vor seinem Laden herumgedrückt, mit Della, ihrer Busenfreundin, im Schlepptau! Da war *er*, Tony, klar wie ein Gemälde und hinreißend wie ein ebensolches, im Fenster seines Ladens zu sehen bei der Vollendung eines weiteren tierpräparatorischen Werkes. Und nicht einmal ein Nicken für sie. Hatte sie sich in eine Schaufensterpuppe verliebt? Oder mußte man in diesem Fall sogar sagen: in eine ausgestopfte Schaufensterpuppe? Daß er seine ungewöhnliche Arbeit in Barnstable-on-Weir verrichtete anstatt in London, machte ihn nur noch attraktiver.

»Ich halt's nicht mehr aus!« tobte sie in Gegenwart Dellas in Mrs. Moriarty's Teestube. »Ach,

Della!« Und Della, Trabant dieser von Stürmen geschüttelten Sonne, brach dann in Tränen aus. Würde Penelope je ihre Semesterarbeit fertigschreiben – »Farbadjektive in *Crome Yellow*« – jetzt, *unter diesen Umständen?*

Schließlich lernte sie Tony doch kennen, bei Gebäck in Mrs. Moriarty's Teestube. Sie sah bemerkenswert gut aus, war von verderbenbringender Schönheit, die Augen schwarzgerändert mit glitzerndem Kohlenstaub. Sie war mit seinem Tagesablauf aufs genaueste vertraut, wußte sogar, wann Schiffsladungen mit Leim, Fischbein, Darmsaiten, Kapok und Seegras für ihn ankamen. Aus ihrem Stuhl fiel sie *auf* und *in* den seinen. »Tut mir *schrecklich* leid!« Sie blieben nicht in Barnstables kleinem Gasthaus, sondern rasten in seinem Lancia zur Küste. Das ›Wappen von Credenza‹ nahm sie auf, und dann öffnete Penelope alle Pforten der Wahrnehmung. »Glücklich?« fragte Tony, ihre Pfirsichbrüste, ihre filmreifen Beine, ihren blonden Haarbusch betrachtend. Sie versuchte ein Gioconda-Lächeln, das ausfiel wie ein mittlerer Schneesturm; er glühte von italienischem Feuer. »Wahnsinnig!«

Das war im März. Als die Narzissen so zahlreich blühten, daß man sie mit Rabatt bekam, strebten die *Parallelen der Liebe* auseinander. »Schrecklich hat er sich aufgeführt, einfach unmöglich! Ach, Della!« Enttäuschung ließ die Tränen strömen, und nicht nur die: auch ihre Wimperntusche rann aus allen vier Augenwinkeln. Nun sah sie aus wie eine griechische Statue *vor* der Restaurierung.

In seiner Wohnung setzten sie einen Punkt hinter diesen *Kontrapunkt des Lebens.* Er sei bloß der Inhaber einer ›Wachsfigurenbude‹, sagte sie – ein tödlicher Fehler. Sein kleines chiques Museum mit einer ›Wachsfigurenbude‹ verwechseln – das hieß ein gepflegtes Cabaret ein Puff nennen.

»Geschmacklos!« Er schritt zu seinem Balkon und hinaus auf denselben.

»Tony ...« Ihre Stimme berührte ihn wie ein Gewimmer, das den schwachen Versuch macht, sich auf die nächsthöhere Stufe der Tonleiter zu quälen.

»Ja ...?«

»Könnten wir nicht ...?«

»Keinesfalls.« Die sonst so rauhe Süße seiner Stimme hatte sich in grobe Heiserkeit verwandelt, die tiefe Verletztheit verriet. »Erlaube, daß ich dich jetzt nach Hause bringe.«

Einen wilden Augenblick lang erwog sie in seinem Badezimmer Selbstmord. Statt dessen legte sie dann aber doch lieber silbrige Wimperntusche auf, danach eine großzügige Lage Lippenstift. Malvenfarbig. »Ich bin immer noch schön«, sprach sie zum

Spiegel. »Ich bin jung. *Jünger!*« Und sie rannte hinaus, auch aus seiner Wohnung.

»Penelope! Penelope!« rief er hinter ihr her. Sie aber fühlte sich frei.

»Taxi!« rief sie. Und diesmal war das nicht eine Schrumpfform von ›Taxidermist‹.

Henrik Ibsen

Ein Schwall verdreckten Schnees fiel draußen vor dem Fenster bleiern zur Erde. Oslo, dies froststeife Fischnetz, von Sterndiamanten überfunkelt, lag vor seinem Studio: eine Studie in Abgestorbenheit. Nur das Kaminfeuer vermittelte ein Gefühl von Bewegung, und dafür war er dankbar. Das Studio lag auf einer Anhöhe nahe dem Hafen, doch der übliche Lärm der Fischer, das Tuten von Dampfern ab und zu, die Rufe und Gesänge, die den ganzen Sommer lang herauftönten, fehlten jetzt. Alles war zu furchterregendem Schweigen gefroren. Nur das emporflackernde Feuer erregte seine Phantasie. Und wie es schien, reichte das nicht aus. Etwas Schreckliches drohte Europas bedeutendstem Dramatiker!

»Was, was, was ist bloß los?« fragte er sich selbst, als sei er ein Stotterer. Sollte er den Brief von Shaw nochmals hervorziehen, jene Blätter voller Lob, die sein Selbstvertrauen wiederaufrichten könnten? Oder die – allerdings etwas doppeldeutige – Postkarte von Wagner? Natürlich wußte er, daß Čechov sein Werk verachtete. Aber was sollte's? Was wußten die bloß melancholischen Russen von der nordischen Krankheit, der nordischen Qual, dem nordischen *Gift?* Es stimmte zwar, auch sie waren schneeblau, aber welch breiter Abgrund trennte ihren Wodka und ihre Samovars und Geigen von der eisigen Fröhlichkeit und den kalten Tiefen der Skandinavier? Čechovs Bemerkungen mußte er einfach vergessen und sich mehr an die von Shaw erinnern. Das war der Engpaß, durch den er ins Freie gelangen konnte.

Alle Themen hatte er verbraucht. Die Frauenrechtlerinnen hatte er behandelt, die Syphilis, auch die Wasserkraftwerke und die Macht. Die neurotische Frau, die einen Künstler schmarotzerisch ausbeutet und beide nach und nach zugrunderichtet – auch sie hatte er behandelt. (Gerade heute durfte er nicht an H. denken. Wo immer sie auch war, er hoffte, daß sie gräßlich litt, so litt, wie sie selbst halb Oslo hatte leiden lassen. Was für ein Narr er gewesen war, *Ein Puppenhaus* zu schreiben! Damit hatte er ihr nur einen Vorwand geliefert, ihn zu verlassen!)

Er dachte an mögliche Themen, doch sie zerstoben in seinem Geist – ebenso schnell wie sie Gestalt angenommen hatten. Bärenjagd? Ach nein, das müßte in einem anderen Land spielen, und außerdem war der Bär ... Trunksucht? Er griff nach dem Bier, das anscheinend sein einziger Trost geworden war.

Inzwischen war es 5 Uhr morgens, und er hatte schon acht Kisten den Garaus gemacht. Der Mißbrauch von Bauholz? Die Regenbogenpresse? Perückenschmuggel? Wenn ihm doch bloß etwas einfiele, was die Begeisterung der *jungen* Leute erregen könnte! Die waren es ja, die heutzutage vor allem ins Theater gingen!

Mit einem Ruck fuhr er auf. Die Leiden des Publikums! Das war's! Und er begann sofort den *Peer Gynt*, das innere Auge mit visionärer Starre auf die Schaubühne gerichtet.

Henry James

Er hatte skeptische Ansichten, falls man denn überhaupt in aller Bewußtheit von ›Ansichten‹ sprechen konnte, da doch der eigentliche Akt ihrer Wahrnehmung *per definitionem* kaum auszumachen war, von ›Biographie‹, dieser Sucht nach ›Wahrheitssuche‹, hinter welcher sich so häufig nur ein Hang verbarg – um nicht, noch genauer, zu sagen: *maskierte* –, die Nase in Winkel zu stecken, die besser unbeschnüffelt blieben, Steine zu heben, die, sollte man meinen, schwer genug waren, das Leben selbst aus den niederen, sich windenden Formen von Fauna zu vertreiben, die sich, ach so hoffnungsvoll, ach so hartnäckig, in Verfolg einer Sicherheit, die ohne Zweifel nicht zu garantieren war, auf deren moosfeuchte Seite als scheinbar dauerhaftes Versteck verkrochen. Armes Gewürm, das so ans Licht gezerrt werden sollte! Und – in Analogie hierzu – arme Tagebücher des Geistes, die dergestalt gnädiger Nacht entrissen werden sollten! Daß er, der Verfasser von *What Maisie Knew,* aufgefordert würde, am Altar eines Gottes zu opfern, den er nicht verehrte, weder als praktizierender Gläubiger noch als Konvertit, daß er aufgefordert würde, als zweifacher Sklave dem schnöden Mammon zu dienen, dies schien ihm ein ›Handel‹ – wie die amerikanischen Kaufleute, immer mit hängender Zunge und triefenden Lefzen hinter dem Profit her, es nennen würden –, der nicht nur Salz in eine alte Wunde streute, sondern eine spezielle Form von Affront darstellte, so beleidigend, wie wenn eine Erstausgabe, in die Hände eines Banausen geraten, bloß als Fliegenklatsche benützt würde. Er würde es also – wenngleich er, weiß Gott, das ›Bare‹ brauchte, es brauchte, um sozusagen das feinverknüpfte Netz seiner schöpferischen Schleusen und Kanäle zu bewässern, es brauchte für Schiffsreisen über Gewässer, die aufgewühlt waren durch Frachtschiffe mit prosaischen

Namen wie ›Nahrung‹, ›Kleidung‹, ›Behausung‹ – nicht tun. Er, Henry James, eine Biographie, gar eine Autobiographie schreiben? Ach ja, einmal hatte er eine geschrieben, vor langer Zeit, dies lange öde Buch, an das er nicht mehr zu denken brauchte, dies Denkmal für die Verlagsindustrie, dies Hasardspiel um Profit, doch dies nun – er wandte sich an sein Spiegelbild – war wieder etwas anderes, dies war ein ganz anderer Fall, eine Geißelung des Geistes, eine Peinlichkeit für den Intellekt, eine absichtliche – war es möglich? – Grausamkeit von seiten seiner Verleger, weil seine Theaterstücke durchgefallen waren? Die Wahrheit war, daß er das Buch nicht schreiben konnte, selbst wenn es schmeichelhafterweise *Portrait of a Gentleman* heißen sollte. Um es so offen und einfach wie möglich zu sagen: Er wußte überhaupt nicht, wer Leon Edel war, der sich da als Herausgeber der peinlichsten Art von Biographie, nämlich einer Autobiographie anbot. Er würde Edel nur einen Brief schreiben, in dem er das Angebot ablehnte. Dann konnte er, dieser philologische Schnüffler, ja, wenn er unbedingt wollte, den Brief historisch-kritisch edieren. Für eine Habilitation würde das vielleicht langen.

James Joyce

Phäimoser Boy, der er wahr, von Shilling-Schnallen verwöhnt, doch von manichäer Double-Inner Doppelbloom N-täuscht, schien's ihm fortz-züglich, ins Äxel zu oilen. Er kreuzte die Irische Zeh, er kross die dooferen Kliffs und pissgurkte die Weck Inns Aost-Lendliche. Zu reich! Die ALPen! AAAAAAch! Die Schwytzer Miss vermiest mich. Aufgeprasst, herausgeposselter Bürgern(Stock)! Und tu, Edel-Wais'? Futsch die Hora! Sext, dada kömmt meine Nora, sanckt Weinstephan.

»Rum getrieben ond die Säus gäaschriebn?« frackte der uninformierte Stadionsmast.

»Raff und runder, Narren und Farren, trist und triester«, respundierte der schlaum Eier.

Tort kammse zum Vorschwein, seine fut-türliche Elipste! Feind seim Dürsten, fein bimm Bürsten! Plärre sehr, plörre See, balisadistisch, Plural bellend! Sein Reimstein, seine dämlich Mondäne, sein ALPtraum! Einphälltich wollt' er gleich unmösig: Cuntversation macken.

»Why schtets, Mollyge? Diego Rivera? Inn de Missus Rhein?«

»Lüft' die Hodn, Sohn«, stelzte sie wäßrig. »Ah, sieh die Seeseit'. Riechstess ooch?«

»Schmalztalg«, lautete seine kühne, wähnich sennvolle Reh-Post.

Wirr zehn denn Vorhenker über die Seine. Genickt zu sang, bald leckten se ze Samen, schlaff schlafend, Eva luftig einziehend und Adam N-tladend. Aftermals Lippe in der Nackt. Sein Schüttelspeer, ihr morig Hair. Nachm Auftritt zum Abtritt; metten Brudersfären: Watt'n Gestank! Und Gesank: Ei Cunt Elbe laching, ju-hu!

»Eilich, Bayou mir biste Schiene! Witzig, deine Zitzen! Schreiß nochn Record aufs Re-circe-Cul-atorium!«

Abba die schlächteste Idee von Daddy: hei balgte – Pflaumn? ein Penny iss für jede! – mit Domestik, Nacht après Nacht, mit Macht, im Piss, beim Diener, im Café, olé! Verknickste Dir? Verflixte Tür! Sie hatt' ein Höllischen-Schein uffm H des Gesichts.

Nix desto Trotz, Rotz und Kotz, die Künderchen strahlten, potz! S'issy wahr, nö? Leberhafte Geburt, just als die TIMES war abgeschnurrt. Eben, Leben, und so: ohó!

Drüben des Morts Schiff: Mit zum hymnischen Riff? Willst, hoch die Zägel, daß du endlich stillst?

Stärk nicht, unsere Helden Cinder wEinen!

Doch er kratzte die Gramgränzen des irdischen Grundstyx und schleimte die Beine im Traumstrom, hatt' gekost't und gekost die süßen Bonbons gerner und gerner, immer fernerer Kärrner, mit Etymmystik bereichert und vollgeschlägert. Das Liffey-Leben noch mal? Wär der Sinn fein? Nöa, 'ne Qual! Doch auf jeden Knall auf Phall rinn wieder rein (Being! Boing!) und schau S an: Phäimoser Boy, der er wahr...

Zoltán Kodály

Seine musikalische Fähigkeit stellte Zoltán Kodály schon in frühester Jugend durch unablässiges Singen und Summen unter Beweis. Oft glitten seine Finger auf einer imaginären Tastatur hin und her.

»Was macht der Zoltán bloß mit den Händen?« fragten sich dann die Bauern. Das Rätsel löste sich in dem Augenblick, als ein Klavier aus der Nachbarstadt herbeigeschafft war. Zoltán durcheilte sogleich ein paar frühe Haydn-Sonaten, die er heimlich hinter der Scheune studiert hatte. Dann wurde er von einem Konservatorium aufs andere geschleppt und kam schließlich nach Rußland, wo er in Petersburg Akkorde und in Moskau Melodien studierte. Ein Schnellkurs in Östlichen Klängen auf einer entlegenen sibirischen Außenstelle der Musikakademie Kiew – dann war seine musikalische Ausbildung abgeschlossen.

Seine mittlere Periode ist gekennzeichnet durch exquisite Lieder im Volkston, die bei Laien wie bei Kennern gleichermaßen beliebt wurden, Lieder wie *Erbsen in deinem Hut*, *Warum verdrischt die Maienkönigin ihre Mündel?* oder *Der Schafspelz des Feldwächters*, letzteres wohl das berühmteste. (Béla Bartók, nach der Uraufführung: »Es hat den absolut echten Klang des absolut Unechten.«) Kodálys Liederzyklus *Irrungen* folgte dann eine dichter strukturierte Gruppe von Liedern, betitelt *Wirrungen*, deren Texte von den führenden Lyrikern des Tages stammten.

Seine einzige Oper *Nachtkoch auf Bereitschaftsdienst* basiert auf dem Osiris-Mythos, war aber ein

Reinfall und wurde in Moldavia buchstäblich von der Bühne gezischt.

Sein Leben entbehrte fast jeder Dramatik; spät heiratete er eine seiner ehemaligen Studentinnen, die Butterfett-Testerin Serbia Smith. Viele Jahre waren sie auch auf Reisen unzertrennlich und kamen schließlich in die Vereinigten Staaten, wo sie eine Reihe gemeinsamer Auftritte hatten, die nur bisweilen dadurch getrübt wurden, daß sie sich auf offener Bühne verprügelten. Auf dieser amerikanischen Konzerttournee stellte Kodály eine neue Gruppe von Liedern vor, darunter das elektrisierende *Hei, zwei meiner Eier* und das elegischere *Wilder Spinat, vom Tau benetzt.*

Später war er dann Organist diverser Pfarreien seines Heimatlandes, doch diese Stellung mußte er aufgrund des Extremistenerlasses des ungarischen Parlaments wieder aufgeben. Solchen Lebensumständen verdanken wir übrigens Kodálys Chorwerk *Kränke dich nicht!* von 1939. In seinen letzten Lebensminuten gelang es ihm gerade noch, ein nur aus drei Tönen bestehendes Lied mit dem Text *Ich sterbe* zu vollenden (Aufführungsanweisung: *pianissimo*).

T. E. Lawrence

Seine Mutter war vor versammelter Gemeinde gedemütigt worden wegen ihres unehelichen Sohnes (der Vater sollte ein Baron sein, aber – shocking! – ein irischer), also litt Lawrence sein Leben lang unter Liebesentzugserscheinungen. Deren Symptome waren vielfältig und traten häufig auf: Anfälle von Albernheit, die irritierende Angewohnheit, auf

Schweinemärkten zu knien, und eine Neigung, sich vor Vorgesetzten der Kleider zu entledigen. Da seine Mitschüler von echtem Adel ihn für ›beknackt‹ hielten, mußte er öfters die Schule wechseln. Sogar noch in Oxford, wo er als Außenseiter mehr und mehr an die Peripherie der studentischen Gesellschaft rutschte, hatte er Schwierigkeiten, Freunde zu finden; schon hier lebte er zeitweilig in einem Zelt und las nächtelang die *Sprüche* des Omar Khayyam. Vor diesem Hintergrund muß die schwindelerregende Leistung seines *Feisal* um so mehr Staunen erregen, jene wunderbare Essenz nahöstlichen Geistes, die leider der Öffentlichkeit noch nicht zugänglich ist; ich hatte jedoch das Glück, das Manuskript in der Cafeteria des British Museum durchblättern zu dürfen, und ich muß sagen, es ist ein absolut unerträgliches Werk, auch ohne jenen epischen Schwung, der seine große Studie des Beduinenlebens *Land und Sand, Öl und Gegröl* auszeichnet. Die zwischen diesen beiden Büchern liegenden Jahre, in denen er in einer Baracke mit Blick auf eine Kokerei lebte, sind noch nie detailliert beschrieben worden, aber da jetzt, nachdem Pfarrer Fielding und seine Frau Mercy tot sind (die beiden tranken dummerweise rostiges Wasser), der Zugang zu den Dokumenten aus dieser Periode seines Lebens offen ist, kann auch über den Verlauf dieser Jahre berichtet werden.

Bevor Lawrence sich nach der arabischen Halbinsel einschiffte, führte er zehn Jahre lang eine Underground-Bäckerei, ›Zur gnostischen Backschüssel‹, in Botched Riding. (Reginald Corby behauptet in seinem Buch *Sie stecken unter verschiedenen Decken,* daß Lawrences Tätigkeit als Konditor vom Foreign Office finanziert und überwacht wurde.) Sein späteres Leben als Schafhirte ist von Cecily Shearing in *Mit Schafen schlafen* so ausführlich dokumentiert worden, daß darüber kein Wort mehr zu verlieren ist. Als Lawrence in Arabien ankam, trug er ein Paar Stiefel aus imprägniertem Pappmaché, das aus den zusammengekochten überschüssigen Druckbogen seiner makulierten Romane herrührte. Unter dem wilden Jubel der Nomadenhäuptlinge stieg er aus dem Bus: die nämlich hielten seine Stiefel für heilige Gegenstände und huldigten ihm daher auf der Stelle. Dies war nur das erste der vielen Mißverständnisse, die dann Arabien in ein buntes Schlachtfeld verwandelten.

Nach vielen blutigen Kämpfen, darunter die Gefechte, die er bei seinem Rückzug von einem Ölfeld zum andern lieferte, fuhr Lawrence wieder nach Hause. Als er dort merkte, daß er im Begriff war, eine legendäre Gestalt zu werden, entschied er sich lieber dafür, einem simplen Fahrradunfall zum Opfer zu fallen.

Franz Liszt

Bitte, Marie!« Franz schüttelte ärgerlich seine Locken. Merkte sie denn nicht, daß Arpeggios unmöglich waren, wenn sie auf den Tasten lag? Es war nicht das erste Mal, daß sie seine Arbeit störte. »Weg! Runter!« schrie Liszt.

»Du bellst wie ein Hund«, maulte Marie. »Immer nur Arbeit und nie ein bißchen Spielen . . .«

Ein Schlag setzte ihrer brillanten Bemerkung ein Ende.

»Franz!« brachte Marie nur voller Staunen hervor. Aber er war zu sehr mit der Erfindung der Tondichtung beschäftigt, als daß er sich hätte umdrehen mögen.

Als sie dann am Nachmittag über einem doppelten Consommé saßen, dessen Köstlichkeit allerdings durch ihre Zwietracht etwas litt, fragte Franz unvermittelt: »Wo ist Cosima?«

Maries Antlitz verdüsterte sich. »Na, wo schon! Einen Moment ist sie bei von Bülow, im nächsten schon bei Wagner ...«

»Ich habe dir doch gesagt, daß du den Namen dieses Kerls nicht ...«

»Schon gut, schon gut. Schließlich hast du mich gefragt ...« Marie stand auf. Sie war schon wieder schwanger. Wo sollte das bloß hinführen? überlegte Liszt, der sich gerade auf die nächste Blitz-Tournee durch die musikalischen Zentren Europas vorbereitete: Lanion, Vasa und Brügge standen auf dem Programm. Den Flügel auf die Pferde zu hieven war immerhin keine Kleinigkeit. Er brauchte sich nur zu nähern, und schon benahmen die Pferde sich, als seien sie musikalisch, und stampften ganze Melodien mit ihren Hufen. Außerdem war er eigen mit seiner Kleidung. Sollte er den schwarzen anziehen? Oder den blauen? Marie half ihm da nur wenig, trotz ihrer liberalen Ansichten.

Später, als Kapellmeister in Weimar, begann er eine Liaison mit der Prinzessin Caroline von Sayn-Wittgenstein.

»Sayn«, sagte er eines Tages, »was hältst du davon?«

Und ihre Ohren waren die ersten, an die je die geleeklaren Klänge des *Liebestraums* drangen.

Noch eine hektische Tournee durch die kleineren Badeorte Ungarns, wo überall wieder die kreischenden ungarischen Teenager seinen Landauer zu stürmen versuchten – dann spielte Liszt mit dem Gedanken, vom aktiven Musikleben sich zurückzuziehen.

»Soll ich?« fragte er eine talentierte Pianistin, die er zwiebelte. »Que penses-tu, Dietlinde?«

»Ick weeß nich«, murmelte Dietlinde und machte sich gleich wieder an ihre Czerny-Etüde. Was allerdings schwierig war, da sie auf den Tasten saß und ohnehin kaum Noten lesen konnte.

Doch die Lockungen des weltlichen Lebens hatten ihren Glanz für Liszt verloren, und 1865 empfing er die Weihen als Abbé. Er war überrascht, als er die geistlichen Ermahnungen las, die ihm vom Ordenskapitel zugedacht waren. Da stand nur: »Bitte komponiere keine Ungarischen Rhapsodien mehr.«

Gustav Mahler

Luchino Visconti gewidmet

Gustav Mahler saß in dem dichtbesetzten Zug, der von Florenz nach Rom eilte, und las den *Tod in Venedig*. Die Erzählung kam ihm seltsam vertraut vor, in einem Maße sogar, das ihn frösteln ließ, und als er sich zum Fenster wandte, sah er in der Scheibe das Gesicht von Flaglio Czerneck, dem italienischen Polen, der ihn unverwandt bedeutungsvoll anblickte, wie er ihn in all den vergangenen Monaten schon in der Pension in Bologna angeblickt hatte. Der schlanke crèmig-zarte Schmelz seiner Jugend, die heitere Freundlichkeit seiner Stirn ließen an eine Lilie denken, die im Schnee einer unvorstellbar hoch gelegenen Alpenschlucht frischgehalten wurde. Gustav hatte sich in Bologna aufgehalten, um sich von einem geistigen Zusammenbruch zu erholen; zwei Jahre war er im Krankenhaus unter der Obhut des weltberühmten Barmherzigen Bruders Dr. Bruckner gewesen. Als die Niedergeschlagenheit von ihm wich, steigerte sich sein Sinn für das Grandiose noch. Nun lag im Schoße seines Attachékoffers ein weiteres, noch ungeborenes Meisterwerk, dessen Partitur Anforderungen an den Chor stellte, von denen die bisherige Musikgeschichte sich nichts hatte träumen lassen. Aber warum denn schließlich nicht eine Symphonie, für die alle italienischen Jungen der Welt zusammengeholt werden mußten, um die intrikaten Kanons zu singen?

Seine Blicke trafen sich mit den bohrenden Blicken Flaglios im Zugfenster. Flaglios Augen lagen tief, waren olivenfarbig und mandelförmig und leicht verschleiert – vielleicht wegen der langen Stunden, die Flaglio über seinem Manuskript mit polnischen Gebeten und Klagen verbracht hatte. Die Übersetzung sollte – so träumte er – veröffentlicht werden unter dem Titel *Gebete und Klagen aus dem Polnischen*. Und vertont, vielleicht, von G....v M....r?

War der Künstler ein heimlicher Verbrecher, oder war es umgekehrt? sann Gustav. Er war sich nicht sicher. Vielleicht hatte deshalb ganz Wien bei der Premiere seiner Oper *Rumpelstilzchen* gelacht. Plötzlich erhob sich Flaglio, und mit einer Geste, die zu einem Drittel polnisch und zu zwei Dritteln italienisch war, forderte er Gustav auf, ihm zu folgen. Als er in Richtung des nächsten Wagens stolperte, rang Gustav erschreckt nach Luft – Flaglio steuerte offenbar den Gepäckwagen an!

Gustav, der den ganzen Tag nichts gegessen hatte wegen der Windpockenepidemie, die Italien in eine riesige Leichenhalle verwandelte, erhob sich halb von seinem Platz. Und da verspürte er es – ein krankhaftes, geradezu an Wahnsinn grenzendes Verlangen. Nur eines konnte es stillen: Hühnersalat! Im Moment vielleicht das gefährlichste Gericht, in Anbetracht des Wetters, der ambivalenten italienischen Haltung zu Mayonnaise und der Salatwurmplage (Lingi pustata), welche Sellerie zur am heißesten umkämpften Gemüsesorte des ganzen Mittelmeerraumes hatte werden lassen. Der Zug raste durch einen Tunnel. Da packte sich Gustav im Schutze der Dunkelheit eine Faustvoll Hühnersalat von einem der benachbarten Tische, zur Verblüffung und zum Ärger einer köpfereichen sizilianischen Familie. Und obwohl die Speisewageneinrichtung bald in Trümmern lag, war dies ein entscheidender Augenblick in der Geschichte der symphonisch-liedhaften Musik des 19. Jahrhunderts. Denn Gustav Mahler überlebte den Genuß des Hühnersalats, nicht so aber zwei der Kinder aus der sizilianischen Familie. So also hat das Schicksal an die Pforte gepocht, beinahe an die meine, sinnierte Gustav nach dem Begräbnis. Und zum Gedenken der beiden jungen Seelen komponierte er die *Kindertortenlieder*.

William Somerset Maugham

In Benares kann man den alten Kolonialfuchs vom Indienneuling ganz leicht unterscheiden. Wenn die Regenzeit zu Ende ist und die Hitze schwer lastet, kommen die Kinder an die Tür mit einem Getränk namens Jahda, das sie für einen Twopence oder zwei verkaufen. Aus Papaya und Minze gemacht, erscheint es unwiderstehlich kühl. Doch wer mehr als einen Liter davon trinkt, dessen Körpertemperatur steigt um zwölf Grad (nach der Fahrenheit-Skala). Die noch nicht lange in Indien sind, kaufen prompt von dem Getränk und leeren den Behälter bis auf den letzten Tropfen. Alte Kolonialfüchse aber sind gewarnt. In der Monsunzeit trinkt man selbstverständlich zwischen Sonnenaufgang und Sonnenuntergang nichts. Die Wartezeit wird allgemein »die Durststrecke« genannt.

Millicent Carterhalf hatte etwa drei Liter Jahda getrunken, der Schweiß lief ihr in Strömen herab, als sie Colonel Fitzroy am Bridgetisch im Club gegenübersaß. ›Kann so eine Schlampe überhaupt eine gute Bridgespielerin sein?‹ überlegte Fitzroy, während er die Karten verteilte. Fitzroy war der berühmteste Offizier der 16. Königlichen Husarendragoner gewesen und ganz allein Shou Ali Almihr gegenübergetreten; nur eine Hecke zwischen ihnen, hatte er im »Schlammloch von Balpour« das Weiße im Auge des Gegners gesehen, und später, als Kommandeur der Reitenden Gebirgsmarine (Fliegerabteilung), hatte er Shou Ali dann am Steuer seiner Spitfire aus der Luft den Garaus gemacht. Millicent hingegen hatten die Läden in der Burlington Arcade ruiniert. Sie war nur noch zu einem zu gebrauchen: Shopping in London.

»Dreimal Pik«, sagte Millicent nervös an. Nervös war sie nicht nur, weil sie erst seit kurzem zur Kolonie gehörte, sondern weil sie eine Affäre hatte mit Safhir, ihrem Hausboy. Das Haus war klein, und Safhir war überall. Die Affäre hatte mit strengster Diskretion begonnen, aber jetzt kannte die Leidenschaft keine Grenzen und keine Vorsicht mehr. Safhir war ein hochaufgeschossener gutgebauter Junge, biegsam wie eine Birke und meist nur mit einem Lendenschurz bekleidet, der mit Gedichten vollgeschrieben war. Obwohl Millicent ihren Gatten, ›Schweinchen Carterhalf‹, liebte, war ihre Liebe doch durchschossen von Blitzen des Abscheus, denn Carterhalfs Benehmen bei Tisch war immer nachlässiger geworden. Am nächsten Tisch saß, wie Millicent bemerkte, ein Herr und schrieb wie wild. »Wer ist denn das?« fragte sie Fitzroy. Beiläufig warf Fitzroy einen Blick hinüber, dann sagte er: »Ach, der! Das ist Willie Maugham, der Schreiberling. Kannst *du* dir einen erwachsenen Mann vorstellen, der *Geschichten* schreibt?« Und er schnaubte verächtlich.

Millicent wiederholte sich – nicht zum ersten Mal.

»Zwei Herz«, erwiderte Fitzroy kalt. Er war bekannt als der beste Bridgespieler zwischen Kairo und Karthum, ein Gebiet, zu dem allerdings Indien leider nicht gehörte. Seine Frau, eine völlig überdrehte kleine Blondine, war letztes Frühjahr gestorben, als sie von einer Voraussendung des ›Frucht-des-Monats‹-Clubs gekostet hatte. Fitzroy war untröstlich gewesen, obwohl Tenecta, die Weinschlampe, seine Konkubine, noch immer in der kleinen Hütte wohnte, die er für sie am Rande seines Grundstücks hatte errichten lassen. Tenecta habe, so wurde gemunkelt, über Mary einen Fluch gesprochen; andere wieder sagten, Mary sei an Monsunvergiftung gestorben. Madeline Cumberland, Arbiter in den gesellschaftlichen Angelegenheiten der Kolonie, hatte in einer ihrer geistreichen Seitenbemerkungen gemeint: »Sex ist für Mary Fitzroy, was die Thermosflasche fürs Eis!« Hätte Fitzroy dies gehört, er hätte Madeline mit einem einzigen Hieb seiner riesigen Hände getötet, auf denen kleine rote Härchen wuchsen. Madeline Cumberland trank sich zu Tode, weil ihr Lieblingssohn, Reginald Cumberland, K. C. S. I. (Knight Commander of the Star of India), auf einem Nachtmarsch zum Shintoismus konvertiert war.

»Ich passe«, sagte Millicent lahm, als in der Ventilator-gekühlten Loggia, die als Spielzimmer diente, zum Tee gebeten wurde. Wer hätte gedacht, daß sie sechs Monate später Fitzroy wieder über den Weg laufen würde – in einer Jahda-Entziehungsanstalt in einem Vorort von New Delhi?

Wolfgang Amadeus Mozart

Ich spiel' nicht«, sagte er. Da stand er in seinem samtenen Wams, verkrampft und verstört, eine zarte

Gestalt vor dem schier unermeßlichen Hintergrund des leeren Zuschauerraums. Fünf Jahre war er alt und hatte gerade die ersten sechs Holzbläser-Quintette vollendet, K.V. 348 – 371. (Ritter von Köchels Manier, den Stücken, die er *mochte*, gleich mehrere Nummern zu geben, hat dem Musikwissenschaftler die Arbeit auch nicht gerade erleichtert!) Der Bub war erschöpft. Von einem Schloß zum andern war er gehetzt worden.

»Wolfgang«, sagte Leopold, sein Vater, »was ist denn los mit dir?«

»Ich komm' nicht an die Tasten, wenn ich mich hinsetze«, erwiderte Wolfgang.

»Ist das alles?« seufzte Leopold erleichtert. »Termagant!« – er wandte sich an ihren Manager – »Stell entweder den Klavierstuhl niedriger oder säg' die Beine des Instruments ab!«

»Letzteres kann ich nicht«, protestierte Termagant, »es ist ein gläserner Flügel!«

Viele Sachertorten waren am gestrigen Abend zu Ehren des Namenstages seiner Majestät des Kaisers verzehrt worden. Jetzt war es 9 Uhr morgens, und nach der Hetz' schlief halb Wien noch. Was für Kuchenschlachten das gewesen waren! Was für Kipferljagden im Wienerwald! Bei ihrem Versuch, einander hellwach zu machen, waren die Wiener auch vor der äußersten Greueltat nicht zurückgeschreckt:

sie hatten gestattet, daß das Geschäftsleben bei allen Tandlern und Greislern zum völligen Erliegen gekommen war. Nun hatte ein Sprühregen über der ganzen Stadt eingesetzt, der weiß Gott welche Mengen von Gebäck verdarb!

Schweigend starrte Mozart einen Moment ins Leere, dann stand er auf und warf sich in jene geisterhafte Melodie, mit der das Andante des Siebten Klavierkonzerts (K.V. 395) beginnt. Es sollte heute abend uraufgeführt werden. Am Schluß der Generalprobe erhob sich das ganze Orchester und applaudierte Mozart bis zum letzten Mann, mit Ausnahme des Harfenisten, eines Transsexuellen.

Bei der abendlichen Aufführung saß Kaiser Albert selbst in der Staatsloge. In seiner Begleitung befand sich die Gräfin Rimini, jene ruchlose serbische Polizeispitzelin, von der das Gerücht wissen wollte, sie sei seine Mätresse. (Die Kaiserin hatte sich wegen Cholera entschuldigt.) Kostümierungssüchtig wie sie war, hatte sich die Gräfin als Gummibaum verkleidet.

Nach dem Konzert sprach der Kaiser, der durchaus auch eine musische Seite hatte, den Komponisten an. »Mozart, Sie haben es wieder geschafft!« Und unter Tränen überreichte er Wolfgang einen Scheck über 3000 Groschen.

3000 Groschen für das Siebte Klavierkonzert, wo Mozart doch 5000 Gulden erwartet hatte! Denn seine Geldnot war verzweifelt. Insgeheim hatte er beim jährlichen Wiener Backwettbewerb (Klasse der Kleinkinder) teilgenommen und ein Vermögen für importierten Mokka ausgegeben. Er war im Begriff zu protestieren, doch das Gedränge seiner Verehrer trennte ihn vom Kaiser.

Leopold kam ihm zu Hilfe. »Könnten Sie's nicht verdoppeln, Kaiser?« schrie er über die Köpfe der Menge. Doch der Kaiser wandte sich ab, von Gefühl überwältigt. Und Wolfgang bemerkte, daß eines der Blätter der Gräfin Rimini alles aufschrieb, was gesprochen wurde.

Anna Pavlova

Wenige, die ihren unnachahmlichen *Schwan* sahen, konnten sich wohl den gräßlichen Anblick vorstellen, den sie *nach* ihrem Auftritt dann gewöhnlich hinter der Bühne bot: Ganze Klumpen von Steak von den Knochen reißend und die erlesenen Lendenstücke unter Geheul verschlingend. Von Helfern gründlich gesäubert, trippelte sie sogleich wieder ätherisch auf die Bühne, um sich einen weiteren ›Vorhang‹ abzuholen. Petersburg konnte nicht genug von ihr bekommen. Auf der Bühne ganz stahlharte Delikatesse, ganz federleicht und gespannt zugleich, war sie außerhalb der Bühne wie ein wilder Kannibale. Solchergestalt sind die Paradoxa des Stoffwechsels. Vladimirs, des Inspizienten Leidenschaft für sie wurde durch ihre wetterwendische Sprunghaftigkeit nur noch gesteigert. »Iß, iß!« sagte er immer wieder auf russisch und fütterte sie mit fast rohem Steak. Sie jedoch blickte ihn mürrisch und eisig-distanziert an, als sei er Luft. Sie hatte den Fehler gemacht, sich – nach einer überhitzten Aufführung von *Giselle* – einmal von ihm ›nehmen‹ zu lassen, und damit hatte zwischen ihnen eine jener physischen Bindungen auf Leben und Tod begonnen – Abscheu und Versuchung auf ihrer Seite, Unterwürfigkeit voll untergründiger Gewalttätigkeit auf seiner –, die nur böse enden können. Ein Provinzler, der zu rasch in die Décadence Petersburgs geraten war, hatte Vladimirs Persönlichkeit nicht die Zeit gehabt, vom Essig zum Wein zu reifen.

»Heute abend«, flüsterte er ihr rauh zu, »in dem kleinen Kabinett hinter deiner Garderobe. In einer halben Stunde. Oder ich bring' dich um!« Und er meinte, was er sagte.

»Ich speise heute mit Baron Korzybski«, entgegnete sie obenhin. Sie riß Vladimir noch ein Stück Fleisch aus der Hand und verließ ihn abrupt.

Pavlovas Temperament unterlag keinen allzu großen Schwankungen, doch der Zeiger des Barometers ihrer Gefühle registrierte jede Nuance zwischen Wut und Raserei. Masha, ihrer Garderobiere, gab sie eine Ohrfeige; »raus, du garstige georgische Hexe!« brüllte sie und kleidete sich an, zum ersten Mal seit Jahren allein. Natürlich unterliefen ihr dabei einige Versehen; so zog sie zum Beispiel ihre Stiefel verkehrtherum an. Sie und der Baron wollten in Petersburgs schickstem Restaurant speisen, im ›Sauren Kroaten‹, einem ebenso teuren wie finsteren Lokal, das die bestzubereitete Gans von Rußland führte. »Ich bin immer noch hungrig«, murrte sie ihren Frisierspiegel an und legte sich drei Diamantenketten um ihr exquisites Hälschen; die vierte ließ sie achtlos zu Boden fallen. Neeki, ihr gut abgerichteter russischer Wolfshund, legte sie sorgfältig in ihre Schmuckschatulle zurück.

Es klopfte an der Tür. »Wieder ein Telegramm von Diaghilev, große Pavlova!« Masha war es; sie kannte die Pavlova zu gut, als daß sie deren Beleidigungen übelgenommen hätte.

»Steck dir's an den Hut!« rief die Pavlova. »Ich tanze nicht *à la moderne* für ihn!«

In diesem Augenblick platzte Vladimir herein, die Farbe seiner Augen vom silbrigen Grau eines Gewehrlaufs. Er starrte sie an.

»Verlaß uns, Masha«, sagte die Pavlova leise. »Sag dem Baron, ich komme in einer Minute.«

Doch in dieser Minute tanzten die Pavlova und Vladimir mit den Göttern in jenem ewigen Eden, das nur zwei leidenschaftliche Seelen kennen können, deren Körper ineinander wechselseitig wie in einem Abgrund verwurzelt sind.

Marcel Proust

Paris drohte auszudörren wie ein übermäßig geröstetes Stück Toast, es versprach, mit seinen Holzkohledüften, seinen Bratwannen und dem täglichen Backofen, die schlimmste Hitzewelle seiner Geschichte, als Ausgleich für das köstliche Wetter des letzten Winters, und dennoch, trotz der Hitze, obgleich Marcel seinen Wintermantel trug und darunter den Kamelhaarmantel, den Lammfellmantel, vier dichtgewebte Hemden, ein Flanellhemd, drei Leibwäschegarnituren, zuvorletzt *peau de soie*, schließlich Seide und dreißig Shawls, die Céleste sorgfältig um seinen Körper gewunden hatte, so daß er etwas einer für den Sarkophag präparierten Mumie glich, einer Mumie jedoch, die aufrecht saß, die Lederhandschuhe den Kaschmirwollhandschuhen eng anliegend und diese wiederum den speziell geschneiderten Baumwollhandschuhen darunter, da ägyptische Baumwolle das einzige Gewebe war, das er an seinen Händen ertrug, aus Gründen, die auch seinen Ärzten noch rätselhaft waren, während er zugleich für Wolle, die verbreitetste aller Hautallergien erzeugenden Substanzen, auf unerklärliche Weise unempfindlich blieb, spürte er, wie er fröstelte, und obwohl er die ländliche Umgebung in jeder Richtung einen halben Kilometer weit hatte säubern lassen, so daß keine Blume, kein Strauch, keine Weinrebe, kein Baum und kein Unkraut stehengeblieben war, da jede Vertreterin der Blatt- und Blütenpflanzen aufs peinlichste vertilgt worden war, bevor er überhaupt nur erwogen hatte, seine Schritte aus seiner Wohnung in der rue Hamelin Nr. 44 zu richten, schnupperte er, voll böser Vorahnungen, nach der leisesten Spur von Duft in der Luft – Blütenstaub? Es war, er täuschte sich unmöglich, Blütenstaub –, nun, da er sich dieser ganzen Mühsal unterzogen hatte und seine Diener in Parks und Alleen herumgespürt hatten, die plumpen, gutmütigen Kellner des Cafés, jene edelsten Beispiele bäuerlicher Rasse, die Frankreich zu bieten hatte, dahin und dorthin geeilt waren in ihren farbenfrohen, gestreiften Westen, um hier noch eine widerspenstige Petunie oder eine widerstrebende Liguster, dort noch eine Pinie zu entwurzeln, die, spröde vor Widerstand und beladen mit Schmutz, übergenug zur staubigen Szene beigetragen hatte, wie ihm jedenfalls versichert worden war, denn die Säuberung hatte drei Tage zuvor stattgefunden, Zeit genug, daß, bei gewöhnlichem Lauf der Dinge, der Staub sich setze, daß die Spuren der unbewußten und, mit einer mit der Darwinschen nicht unvereinbaren Sichtweise betrachtet, zähen Art der Selbstbehauptung der Natur aus der Luft verschwänden und daß im gütigen Friedhof gewöhnlicher Erde für immer diese ihre hartnäckigen und bösartigen Geruchsstoffe begraben wären, die so ganz und gar nicht gütig sich erweisen zu den Asthmatikern und den zu Stirnhöhlenentzündungen und fliegenden Hitzen Disponierten, und nichtsdestoweniger umwölkte eine gewisse Zweideutigkeit diese Frage, nicht nur weil Céleste diesmal die Shawls vielleicht doch ein klein wenig zu eng gewunden hatte, sondern weil Alfreddys grausame, doch delikate androgyne Augen, die so sehr erinnerten an die tiefsten Weiher der Normandie, wenn sie, wie eben, für die Spur eines Augenblicks über der schwarzen See des Caféhaustisches wahrzunehmen waren, wobei die festumrissene Halbinsel seines Kinns jene Andeutung von Samt unterhöhlte, welche zart die Oberlippe säumte, und die Haut von solcher Schönheit war, daß nur die Kamelie ihr gleichkam, während weder Damast noch auch ein Treibhauspfirsich erlesen genug waren, vielleicht doch etwas damit hätten zu tun haben können.

Camille Saint-Saëns

Die ganzen Knochen richtig zusammenzustellen war gar nicht leicht, aber Camille, der besessen war von seinem Meisterwerk, dem *Danse macabre*, wußte, daß er bis zum nächsten Wochenende noch ein Wadenbein finden mußte, wenn die Partitur rechtzeitig für das Konzert im Palais Royal fertigwerden sollte. Und wieder ein Oberschenkelknochen! Was anderes existierte offenbar nicht – nur Oberschenkelknochen!

»Loti, wohin ist es nur mit dem französischen Leichnam gekommen!?« rief er seinem Freund fragend zu. Loti, der geprüfter Skelettologe war, hatte die Hauptarbeit beim Ausbuddeln geleistet.

»Damit steht's wie mit allem andern«, erwiderte Loti. »Die Qualität hat nachgelassen.« Und er zitierte ein gerade populäres Gedicht: »Tout que va / Va là-bas.«

Ein Rabe krächzte in der Ferne.

»Was ist das?« fragte Camille erschaudernd. Die Treibhausatmosphäre von Paris war sein eigentliches Milieu; jetzt aber waren sie meilenweit von jeglicher Stadt entfernt.

»Camille«, sagte Loti, »ich muß dir was sagen. Ich hab die Hauptarbeit beim Graben gemacht, und deshalb will ich, daß auch *mein* Name auf der Partitur steht, wenn das Stück uraufgeführt wird. Mit einem Bindestrich: ›Loti-Saint-Saëns‹.«

Ungläubig starrte Camille seinen Schulkameraden an.

»Loti!« rief er aus. »Das kann doch nicht dein Ernst sein!«

»Es ist aber mein Ernst«, sagte Loti. »All diese Jahre bin ich dir nachgetrottet und hab mir immer angehört, was für ein begnadeter Künstler du bist. ›Camille ist ein Genie‹«, zitierte er spöttisch. »Na, damit ist's jetzt vorbei. Dieses Leichenausbuddeln ist nämlich ungesetzlich . . .«

»Aber es geschieht doch für die Kunst . . .« begann Camille.

»Ach Quatsch!« brüllte Loti los. »Ich hab jetzt lang genug in deinem Schatten gestanden, Camille. Ich will endlich ich selbst sein, auch wenn ich weniger Format habe.«

Und sicher hätten sie sich noch geprügelt, wenn nicht in eben diesem Augenblick der Preußisch-Französische Krieg ausgebrochen wäre. Ein Transistor auf einem vorbeigaloppierenden Pferd brachte ihnen die schreckliche Nachricht. Und doch ahnte keiner von beiden, daß in drei Monaten ganz Europa erschüttert werden würde vom tragischen Donner der Artillerie, der unter sich nicht nur die Töne des *Danse macabre*, sondern auch weit kraftvollere Geräusche ersticken würde.

Unter dem Eindruck dieser Nachricht vergaßen sie ihren Zank und umarmten sich.

Loti löste sich als erster.

»Aber Camille«, sagte er erschrocken und zugleich wie erleuchtet und hielt seinen Freund auf Armeslänge von sich, »du bist ja nur Haut und Knochen ... und unter deinen Knochen befindet sich ja nicht zuletzt auch ein ... Wadenbein!«

Sappho

Sie hatte einen Tag frei, einen ganzen Tag, und mit einem Seufzer erhob sie sich vom Lager, zufrieden, in gewisser Weise, wenngleich sie sich fragte, was Zufriedenheit wirklich war, da doch so vieles von dem, was sie einst für gewiß und erreichbar gehalten, nun fragmentarisch, illusorisch, unzusammenhängend erschien!? Das blaue Ägäische Meer machte ein leise surrendes Geräusch an den weißen Felsen. Die Bläue des Himmels war von schärferem Blau, als ob die Sterne, vom Tageslicht zur Schwäche verurteilt, sich hinter einem Schirm verbargen oder – so stellte sie sich vor – eine neue Art leuchtenden Feuers versuchten, zaghaft jedoch, mit einer innersten Zurückhaltung, welche die Kraft ihres flammenden Funkelns des Nachts dann nur noch durchdringender sollte werden lassen. Solche Wirkung hatte sie in ihren Gedichten angestrebt. Aber war es ihr gelungen? Hatten sie wirklich jene edelsteinerne, unendlich dauerhafte, hartnäckige Leuchtkraft, die strahlte wie ein ölgetränkter Docht, der hinter glaszartem, dünnem Glimmer brennt? Wie sehr hatte sie sich um Reinheit gemüht! Ja, geradezu um Heiligkeit! Wie inbrünstig hatte sie versucht, ihre sinnlichen Erfahrungen in zeitüberdauernde Gedichte einzuverwandeln, deren jede Strophe so feinziseliert war wie das Antlitz, das sie jetzt gespiegelt sah in dem Wasserbecken, in das sie blickte, mit nassen Mandelaugen, die zartgerippt waren von den kräuselnden Wellchen, die die leichte Brise auf dem Wasserspiegel erregte, mit dem zart und fest gespannten Fleisch, das getragen war vom delikaten Gitter ihres filigranleichten Knochenbaus – ein Gesicht, nicht zu vergessen für die, die es einmal gesehn. Hinter sich, im Haus, hörte sie ein Geräusch. M. war erwacht.

Ihre Gefühle zu M. waren gemischt. Seit sie sich kennengelernt hatten, verließ sie nicht das Vorgefühl einer Katastrophe, ein verborgener Funke des Unheils in den glühenden Kohlen ihres Glücks. Konnten so verschiedene Menschen sich je wahrhaft lieben? Konnte ein Mensch, geprägt durch sein Leben als Fischerin, je mit einem Menschen verschmelzen, für den lyrische Dichtung einziges Ziel und Leitbild war? Ein schwacher Geruch von Makrele ließ sie ahnen, daß in ihrem Rücken M. sich näherte, um sie wieder einmal mit einer teigigen, recht doppeldeutig motivierten Umarmung zu überraschen.

»Schon bei der Arbeit?« fragte M. fischkühl.

Sapphos Augen nahmen die umliegende Küste in sich auf.

»... die Lorbeerrose und die Travertine / wehn um den leeren lesbischen Palast«, sagte sie.

Sogar M. kamen diese Zeilen irgendwie bekannt vor.

Augustin Eugène Scribe

Ein kürzlich entdecktes Notizbuch erbringt den Beweis dafür, daß Scribe kurz vor seinem Tod an einer völlig neuen dramatischen Form arbeitete – dem Ein-oder-Zwei-Zeilen-Stück. Einige Beispiele werden nachstehend in einer Übersetzung durch den Herausgeber vorgestellt.

ACHTUNG: Diese Stücke genießen den vollen Copyright-Schutz. Aufführungserlaubnis sowie Gebühren müssen bei Inszenierung zuvor eingeholt resp. entrichtet werden.

Countdown für Renée

Ein möbliertes Appartement in der Bastille

RENEE AUBERJON: Robespierre hat mich in letzter Zeit schändlich behandelt!

GLORIA: Wie schrecklich für dich, Renée!

Vorhang

* * *

Der katalonische Mißgriff

Eine Terrasse mit Blick über Barcelona

RODRIGO: Schau! Bist du glücklich, Alice?

ALICE: Glücklich? In *Spanien*? Mit *dir*?

Vorhang

* * *

Aristokratische Erben

Ein Salon außerhalb Nizzas. Auf Ballsaalstühlen, in einer Diagonale auf der rechten Seite der Bühne angeordnet, zwölf Bischöfe. Auf Ballsaalstühlen, in einer Diagonale auf der linken Seite der Bühne angeordnet, zwölf hohe Beamte des Finanzministeriums.

TALLEYRAND beugt sich vor: Also?

Vorhang

* * *

Novizen der Wüste

Vor einem Pfannkuchenrestaurant in Syrien

ERSTER REISENDER: Wie wär's jetzt mit einem syrischen Pfannkuchen?

ZWEITER REISENDER: Das kann doch nicht dein Ernst sein!

Vorhang

* * *

Costa Rica erwartet, daß jeder Mann seine Pflicht tut

Gang eines Krankenhauses in Costa Rica

SCHWESTER: Sie sind nicht mehr unfruchtbar, Doktor Conchito.

DR. CONCHITO: Dies ist ein großer Tag für Costa Rica, meine Liebe.

Vorhang

Mary Wollstonecraft Shelley

Schläfst du noch, Percy Bysshe?« fragte sie leise. Das Licht von den Hügeln schlich sich schon ins Schlafzimmer; der Morgen dämmerte schnell. Ein Wachstropfen fiel von ihrer Kerze in sein herrliches Haar, und das langsame Seufzen seines Atems – musikalisch steigend und fallend im Ton, als gehe die

Schöpfung lyrischer Gebilde auch in seinem Schlaf noch fort – rührte ihr Herz. Doch sie mußte sich ans Werk machen, an ein Werk, von dem sie nicht einmal ihn wissen lassen durfte. Denn sie experimentierte mit dem Leben selbst, droben im Dachstübchen. Sie hatte allen verboten, sich dem Zimmer zu nähern, unter dem Vorwand, sie repariere dort ihre ›Puppen‹, und in gewissem Sinne – sie mußte leise lachen – stimmte das ja sogar.

Draußen war es kalt. Burgverlies-kalt, flüsterte sie bei sich, als sie die breiten Stufen hinaufeilte, die zum obersten Stockwerk des Nordturms führten. Da stand er schon in der Tür, ein elektrisches Kabel um den linken Fußknöchel. Hinter ihm blubberte es in den Röhren, und die Elektroden spuckten bläuliche Funkengarben.

»Was machst du d . . .?«

»Grrruaaachchch«, tönte es aus dem Monstrum.

Sie bemerkte, daß ihr sein Kopf im Vergleich zum Rumpf zu klein geraten war. Aber synthetisches Fleisch war eben heutzutage nicht so leicht zu beschaffen, wie die Leute dachten. Sie hatte mit kleinen Stücken und Fetzchen arbeiten müssen. Und daher sah er ein bißchen aus wie ein Fleckerlteppich aus Protoplasma.

Er versuchte, nach ihrer Hand zu greifen. Sie wich zurück.

Er tastete nach Papier und Bleistift und schrieb: »Ech ... lüübe ... dech!«

Wie gespenstisch! Und doch wie wunderbar! Er hatte über Nacht lesen und schreiben gelernt! Ganz allein! Und sie hatte ihn doch nur aus ... nun, sozusagen aus Lumpen zu Großhandelspreisen gemacht!

»Ich glaube nicht, daß wir ...«

»Uuuchch!« sagte er, und eine leise Zornesröte überzog die zusammengestoppelten Gesichtszüge, die da ein ›Antlitz‹ darstellen sollten.

»Möchtest du etwas Preiselbeermarmelade?« fragte sie ihn in einem verzweifelten Versuch, ihn abzulenken, während sie die Spritze für eine subkutan zu verabreichende Dosis von 1000 ccm Phenobarbital, ihrem bevorzugten Schlafmittel, füllte.

»Stäck ... dirr ... das ... Zoicks ... inn ... Hinntern!« sagte er. Die Bemerkung ließ ihr keinen Spielraum mehr für eine Antwort. Dennoch versuchte sie es.

»Spazierengehen? Sollen wir spazierengehen?«

Das Monster lächelte, seine Elfenbeinzähne schimmerten durch die Deckhaut, die sie über den aus Walfischbein zusammengezimmerten Schädel gespannt hatte.

»Jaaa! Spatz ... ziären ... gähn!«

Wo könnte sie bloß mit ihm hingehen? Es klopfte an der Tür. Mein Gott! Konnte das Percy

Bysshe sein? Wenn er merkte, daß sie wieder ›experimentiert‹ hatte, würde das sein Tod sein.

»Einen Augenblick, bitte«, rief sie und versuchte, das Monster in eine dunkle Ecke des Dachstübchens zu schieben.

»Versteck dich in einer Nische! Schnell, schnell!« flüsterte Mary heiser.

Das Monster starrte sie stechend an, öffnete langsam den Mund und sagte: »Spatz ... ziären ... gähn! Zuu ... eim ... Haarem! Wo Drakulas Tochterr isst ... und Yetis Schwäster ... und die Weiße Frau von King Kong ... und die Magd des Golem!«

In aller Panik dieses Augenblicks konnte Mary doch einen Anflug von Stolz nicht unterdrücken. Was immer sie da auf die Beine gestellt hatte, es war ein Wesen, das in weitesten literarischen Verwandtschaftsverhältnissen stand und selbst viel literaturträchtiger sein würde, als sie je geahnt hatte ...

Gertrude Stein

Während sie das neueste Stückchen von Satie summte und sich ankleidete, legte sich ein leichter Schleier über ihre Augen, als sie in Gedanken die Gästeliste durchging. Trotz ihrer hervorragenden Rolle als Gastgeberin in Paris war sie im Grunde noch immer das von Celebritäten unendlich beeindruckte Mädchen aus Baltimore, auch wenn ihre massive Statur dies nicht vermuten ließ, die ja eher mächtig als schmächtig wirkte. Insgeheim hatte sie einige Zeit in ihrem Kabinett an *The Making Of An*

American geschrieben, und irgendwie wollte sie das Wissen darum noch mit niemandem teilen, nicht einmal mit ihrer Nächsten und Liebsten. *Dieses* Buch sollte wahrhaft ihres werden, ihres allein all-ein-einsam ihres einzig ihres allein das ihre einzig allein.

Doch die Türklingel ertönte hartnäckig, und noch immer herumzupfend an dem zu weit geratenen Rock und der zu groß geratenen Bluse, die Balenciaga persönlich für sie in Windeseile hingezaubert hatte – gratis, aus Gründen, die nur sie beide kannten –, öffnete sie die Tür, die in den Hof führte. Da waren sie ja! »Pablo! Djuna! Janet! Henry! Henri! Virgil! Marcel! Claude! Sherwood! Ernest! Scott! Kay!« Und hinter ihnen konnte sie noch Mallarmé, Valéry, Eliot, Ravel, Apollinaire, Paul Klee, Duchamp, Claudel, Gide, Mauriac, Léger, Max Brod, Kafka, Max Ernst, Majakovski, Cocteau, Marais, Malraux, Giraudoux, den kleinen Sartre, die Geschwister Cone und Gloria sehen, alle voller Ungeduld, endlich eintreten zu dürfen.

»Einer nach dem andern, bitte!« rief sie irritiert, und ihre Rationalität fuhr schneidend in die panikartige Szene, die den aus dem 13. Jahrhundert stammenden Hof des Hauses, dies zauberhafte Juwel, in einen Hundezwinger zu verwandeln drohte. Es war Mai, und nie war Paris lieblicher gewesen. Die Kastanienblüten hatten sich ihrer schneeweißen Pracht entledigt. Die Wirkung war die einer Flugparade von Engeln, die ätherisch-weiße Federn verstreut hatten.

Später, beim Kaffee, sagte Picasso: »Ich möchte dir mein neuestes Bild zeigen«, und zog das berühmte Gemälde *Figur im Korbstuhl sitzend* hervor. In diesem Augenblick kam Alice ins Zimmer geschlurft, wieder einmal völlig *stoned* vom Ausprobieren des Rezepts für Haschischkaramel.

»Hoffentlich hast du nicht wieder gesoffen«, sagte Gertrude mit einem Blick, der Bände sprach. »Du kennst ja alle«, setzte sie kurz und abschließend hinzu.

»Alle außer Gloria«, sagte Alice.

Aber Gertrudes Aufmerksamkeit galt schon wieder dem Gemälde. »Es ist schön, Pablo. Danke.«

»Eigentlich wollte ich es dir nur zeigen«, sagte er nervös.

Doch sie hatte den Rahmen schon mit eisernem Griff gepackt.

»'ch muß es noch mal zurückhaben. Für ein paar letzte Pinselstriche«, murmelte Picasso unbehaglich.

»Oh, Pablo«, lachte Gertrude. »Wovon redest du überhaupt?«

Unbemerkt von den anderen, fand ein lautloser Kampf zwischen ihnen statt. Und wenngleich der

Rest des Abends jene typisch brillante Salon-Soirée war, für die das Haus berühmt geworden war (gestört höchstens durch den Versuch der Geschwister Cone, zwei kleine Gemälde sowie ein paar Stückchen der kalten Platte in den geräumigen Taschen ihrer selbstgeschneiderten Mackintoshs verschwinden zu lassen), so war es doch für Pablo Picasso wieder einmal eine verlorene Schlacht.

Peter Iljitsch Tschaikowski

Schon wieder ein Billett von Madame von Meck: »Petruscha, ich hab Dich durchs Opernglas beobachtet: auf Deiner grünen Krawatte ist ein Fleck. Außerdem hast Du Dich in der Kutsche *sehr* eng an Marina

Pawlowna Schulbetsky gelehnt. Warum bist Du überhaupt ausgegangen? Du hast mir doch geschrieben, daß Du an deiner Symphonie arbeitest. Sieht *so* Deine Arbeit aus? Diesen Monat schicke ich Dir nur 1000 Rubel statt 5000. Brich mir nicht das Herz! M.«

Die verdammte Ziege, dachte Peter, während er auf Graf Kropkin wartete, der sich ankleidete. Soll ich denn nie einen Moment Ruhe haben? Der Kropkin hing ihm auch zum Hals raus, mit seiner schwarzmeerischen Knochenlosigkeit, mit seinem affektierten Getue à la Krim. – Später dann, als Peter am Flügel saß, donnerte er das Thema des Zweiten Klavierkonzerts in die Tasten. Er war wirklich zutiefst verstört. Aber war es nicht eine alte Wahrheit, daß der Künstler leiden mußte?

Plötzlich hatte er einen Einfall. Nicht ein Schweine-Ballett, sondern ein Vogel-Ballett mußte es sein. Er eilte hinüber zu seinem Schreibtisch und änderte *Schweine-* in *Schwanen-*. *Schwanensee. Natürlich!* Jetzt ergab alles einen Sinn. Seen. Glas. Eis. Zwischen vier und fünf sprach er dann heftig der Flasche zu. Sollte er nicht doch das Billett beantworten und der Meck mal richtig die Meinung sagen? Er schluchzte ein wenig – er hatte an Glinka, Glinka den Erfolgreichen, gedacht – und setzte sich dann wieder an den Schreibtisch.

»Verehrte Gönnerin, am Wochenende werde ich nicht in die Hütte kommen, die Du ein Schloß nennst. Ich bin *tief* in der Arbeit.« Er lachte auf und leerte in einem Zug eine Flasche circassischen Brandy. »Ich werde natürlich darunter leiden, *nicht* dauernd überwacht, *nicht* durch Operngläser beobachtet und *nicht* von bezahlten Spionen verfolgt zu werden. Aber ansonsten wird mir nichts fehlen. Bitte schick mir die anderen 4000 Rubel. Daran hängt die Widmung der Symphonie. Arm wie immer, Peter.«

Zu allem Überfluß kam dann noch ein Telegramm von Mussorgsky: »Willst Du einer in der ›Gruppe der Fünf‹ sein oder nicht? Entscheide Dich!«

Ach, sie waren alle drauf aus, ihn zu quälen! Alle!

Anton Rubinstein, sein alter Lehrer, und dessen französische Frau fanden ihn im Rinnstein vor der Tolstoi-Kantine. Als sie ihn nach Hause schafften, wandte sich Madame Rubinstein an ihren Gatten und sagte: *»C'est dommage . . . mais il est très sympathique.«*

Rubinstein dachte einen Moment nach. »Nicht *sym*pathique, meine Liebe. *Pathé*tique.«

Oscar Wilde

Bonmots, zwischen Vertrauten ausgetauscht, sind Telegramme, die verdiente Strafe mitteilen«, sagte Oscar, den Finger noch immer fest am Puls dieses Epigramms. Bosie spielte heute den Rühr-michnicht-an und war richtig fies. Er hatte nicht die geringste Ahnung von dem abscheulichen Konflikt, der in der Brust seines Freundes tobte. Oscar hatte heimlich den ersten Akt von *The Importance of Being Earnest* just an diesem Nachmittag vollendet und war von Zweifeln zerrissen. Gurkensandwiches? Oder Sandwiches mit Brunnenkresse? Die ganze Szene würde schließlich mit dieser Entscheidung stehen oder fallen. Zusammen hatten sie sich ins Cadogan-Hotel zurückgezogen, ihren geheimen Zufluchtsort im Sommer. Wer würde auf die Idee kommen, in *London* nach ihnen zu suchen? Jetzt im *August*?

Alfred Lord Douglas' hübsches Profil stand wie eine Silhouette vor dem Fenster. Hinter ihm, ein gepflegtes, lindenbestandenes Geviert, lag der Sloane-Park und verströmte seinen sommerlichen Duft, eine Mischung aus Kohlenstaub und Akazie.

»Dieses Loch«, sagte Bosie. Ach, wie sehr er das Connaught vorgezogen hätte!

»Hotels sind die Treibhäuser der Toten«, sagte Oscar und nippte an seinem Scotch mit Soda. »Noch ein'n, Bosie?« Es durfte heute abend nicht zu einer Verstimmung kommen.

»Könnte es denn *noch ein'n Bosie* geben?« fragte Bosie geziert. »Ja, ich nehme einen«, sagte er, den angebotenen Drink ohne ein ›Danke‹ ergreifend.

»Tout le monde wird heute abend bei Timothy sein. Außer uns natürlich. Wir sind hier, in dieser kleinen Mausefalle von einem Hotel.«

»Die Gesellschaft ist eine Zwangsrekrutierungsinstitution: wer nicht einen starken Willen hat, wird von ihr vereinnahmt«, sagte der bedeutende Dramatiker.

»Ach, zum Teufel noch mal, Oscar, halt den Rand!« erwiderte Bosie in einer seltenen Aufwallung von Männlichkeit. »Wie sehe ich aus?« fuhr er fort. Er wußte sehr wohl, daß er gut aussah.

»Gut«, sagte Oscar. In Wirklichkeit wurde auch Bosie älter und dicker – man bleibt halt nicht ewig achtzehn. »Maud Fortescue-Pringle gibt übrigens die Party des Jahres heute abend nach dem Theater. Und wieder dieselben Leute werden da sein wie bei Timothy.«

»Zwei Parties, und wir werden nur auf einer sein«, sagte Bosie unartig wie ein kleines Kind. Eine Reihe sich verstärkender Mißstimmungen war zwischen ihnen aufgetreten. Er warf einen Blick auf das Briefkuvert auf dem Tisch.

»Wer ist übrigens dieser Alfred Gide?«

»André«, verbesserte Oscar. »Der interessanteste junge Romancier des Kontinents. Wenn du nur mal was lesen würdest, statt immer auf Parties zu gehen ...«

»Dramenschreiben ist die letzte Zuflucht dessen, der nicht eingeladen wird«, warf Bosie ein, im vollen Bewußtsein der schrecklichen Schwere seiner Worte.

›Unsere Flitterwochen‹, dachte Oscar, ›sind also endgültig vorbei.‹

Die Werke von Edward Gorey im Diogenes Verlag

Der zweifelhafte Gast

Elf merkwürdige Bildergeschichten vereinigt zum Schwarzbuch der Nostalgie: Eine Harfe ohne Saiten oder Wie man Romane schreibt – Balaclava – Der zweifelhafte Gast – Ein sicherer Beweis – Das Käferbuch – Das unglückselige Kind – Das Geheimnis der Ottomane – Die Draisine von Untermattenwaag – Der Schrekelhuck – Die Kleinen von Morksrohlingen – La Chauve-Souris Dorée.
Übersetzungen von Wolfgang Hildesheimer, Dieter E. Zimmer, Fridolin Tschudi und Hans Manz.
Ein großer Grafik-Sonderband

Das unglückselige Kind

Ein Schicksal aus schlimmer alter Zeit.
Deutsch von Wolfgang Hildesheimer.
5. Werk im ›Club der Bibliomanen‹

La Chauve-Souris Dorée

Leben, Kunst und Ende einer fabelhaften Primaballerina.
Deutsch von Wolfgang Hildesheimer.
13. Werk im ›Club der Bibliomanen‹

Die sehr gute Uhr

Eine Geschichte von Muriel Spark um Professor Horaz Hanns Moldovan und seinen Tick.
Deutsch von Gerd Haffmans.
27. Werk im ›Club der Bibliomanen‹

The Vinegar Works

Seven Volumes of Moral Instruction:
The Evil Garden – The United Book – The Osbick Bird – The Gashlycrumb Tinies – The Insect God – The Chinese Obelisk – The West Wing.
34. Werk im ›Club der Bibliomanen‹

Das Vermächtnis der Miss D. Awdrey-Gore

Eine Criminal-Comödie.
Deutsch von Urs Widmer.
38. Werk im ›Club der Bibliomanen‹

An Ominous Gathering

Seven Volumes of Moral Destruction:
The Utter Zoo – The Remembered Visit – The Sinking Spell – The Blue Aspic – The Eleventh Episode – The Other Statue – The Fatal Lozenge.
Dazu ein Beiheft mit deutschen Annäherungen von Dieter E. Zimmer, Jörg Drews, Gerd Haffmans und Hans Wollschläger.
46. Werk im ›Club der Bibliomanen‹

Balaclava

Sechzig pessimystische Limericks.
Diogenes Taschenbuch Nr. 27

Das jüngst entjungferte Mädchen

Das rechte Wort am unrechten Ort von Hyacinthe Phypps.
Deutsch von Dr. Urs Widmer.
Diogenes Taschenbuch Nr. 101

Er war da und saß im Garten

Geschichte von Rhoda Levine.
Deutsch von Hans Manz.
Diogenes Kinder Taschenbuch 8

Meister Lampe und seine Tricks

Geschichte von Ennis Rees.
Deutsch von Anna von Cramer-Klett.
Ein Diogenes Kinderbuch

Samuel und Emma

Geschichte von Donald Nelsen.
Deutsch von Hans Manz.
Ein Diogenes Kinderbuch

Rotkäppchen

Ein Märchen der Brüder Grimm.
Diogenes Kinder Klassiker

Schorschi schrumpft

Eine pädagogisch wertvolle Geschichte
von Florence Perry Heide.
Deutsch von Hans Wollschläger.
Diogenes Kinder Klassiker

Katz und Fuchs und Hund und Hummer

Äsops fabelhafte Fabeln
nacherzählt von Ennis Rees.
In deutsche Verse gebracht von
Claudia Schmölders.
Diogenes Kinder Klassiker

Edward Gorey
illustrierte für den Diogenes Verlag

John Buchan
Die neununddreißig Stufen
Roman. detebe 93

Walter de la Mare
Die Orgie – Eine Idylle
Erzählungen

Saki
Die offene Tür
Ausgewählte Erzählungen.
detebe 62

Diogenes Grafik-Taschenbücher

Bosc

Love and Order. Zeichnungen über Krieg und Frieden. detebe 44

Wilhelm Busch

Studienausgabe in 7 Einzelbänden: *Gedichte – Max und Moritz – Die fromme Helene – Tobias Knopp – Hans Huckebein / Fipps der Affe / Plisch und Plum – Balduin Bählamm / Maler Klecksel – Prosa.* detebe 60/I–VII

Chaval

Zum Lachen. Gesammelte Cartoons I. detebe 80/I

Zum Heulen. Gesammelte Cartoons II. detebe 80/II

Hochbegabter Mann, befähigt, durch die bloße Erdumdrehung einen Eindruck von Geschwindigkeit zu empfinden. Gesammelte Cartoons III. detebe 80/III

Paul Flora

Premiere. Party-Zeichnungen. Mit einem Versuch von Wolfgang Hildesheimer. detebe 0

Trauerflora. Idyllen. Mit einem Vorwort von Friedrich Dürrenmatt. detebe 52/I

Vivat Vamp! Ein Fotobuch zum Lob des Vamps von Mae West bis Marilyn Monroe. Mit gezeichneten Kommentaren von Paul Flora. detebe 52/II

Edward Gorey

Balaclava. Sechzig vom Dichter illustrierte Limericks. detebe 27
Das jüngst entjungferte Mädchen. Das rechte Wort am unrechten Ort von Hyacinthe Phypps. Deutsch von Dr. Urs Widmer. detebe 101
Augenblicke aus dem Leben großer Geister. Festgehalten in Wort und Bild. Parodien von Howard Moss. Verdeutscht von Jörg Drews. detebe 124

Goya

Caprichos. Mit einem Vorwort von Urs Widmer. detebe 33/I
Desastres de la Guerra. Mit einem Vorwort von Konrad Farner. detebe 33/II

Loriot

Kleine Prosa. Mit vielen Zeichnungen des Verfassers. detebe 13
Tagebuch. Zeitgeschehen von Meisterhand. detebe 61
Kleiner Ratgeber. Entscheidende Abbildungen und Texte. detebe 82

Roger Price

Der kleine Psychologe. Sämtliche Drudel. detebe 91

Ronald Searle

Weil noch das Lämpchen glüht. Boshafte Zeichnungen. Gerechtfertigt durch Friedrich Dürrenmatt. detebe 14

Sempé

Konsumgesellschaft. Zivilisationszeichnungen. detebe 38
Volltreffer. Erste Zeichnungen. detebe 84

Siné

Katzenjammer. Katzen-Cartoons. detebe 94

Roland Topor

Tragödien. Mit einer Vorrede des Künstlers. detebe 23

Tomi Ungerer

Der Sexmaniak. Aus dem Geheimen Skizzenbuch. detebe 6
Fornicon. Vorwort von Prof. Dr. Walther Killy. detebe 17
Spiegelmensch. Ein neues deutsches Wintermärchen. detebe 49
Der erfolgreiche Geschäftsmann. Ein Stundenbuch für Manager. detebe 123

James Abbott McNeill Whistler

Die vornehme Kunst sich Feinde zu machen.
Mr. Whistlers ›Zwölf-Uhr-Vortrag‹
über Kunst und die Einwände von Oscar Wilde
und G. K. Chesterton.
Mit Zeichnungen von Whistler, Aubrey Beardsley, Leslie Ward und Max Beerbohm. detebe 34